COLLECTION DE MÉMOIRES, ÉTUDES ET DOCUMENTS
POUR SERVIR A
L'HISTOIRE DE LA GUERRE MONDIALE

L.-L. KLOTZ

DE LA GUERRE A LA PAIX

SOUVENIRS ET DOCUMENTS

PAYOT, PARIS

DE LA GUERRE A LA PAIX

L.-L. KLOTZ

DE LA GUERRE A LA PAIX

SOUVENIRS ET DOCUMENTS

PAYOT, PARIS
106, BOULEVARD ST-GERMAIN

1924
Tous droits réservés

MON CHER MOUTHON,

Laissez-moi vous dédier ces quelques pages avec leurs annexes lesquelles n'ont pas la prétention d'être de l'Histoire, mais une contribution qui, je l'espère, profitera à celui qui l'écrira un jour.

Il y a près d'un an, ici même, nous devisions avec quelques amis, face à un paysage unique de la Haute-Savoie, que vous aimez comme un fils. Nous n'étions pas, comme à l'ordinaire de la vie, vous et moi, pressés par le temps ; je me laissais aller à parler du passé, récent encore, de la grande guerre, l'événement, pour le Monde, le plus considérable depuis Jésus-Christ. Vous avez bien voulu trouver quelque intérêt à mon récit ; le cadre vous inclinait à l'indulgence. Vous m'avez offert l'admirable tribune du Journal que vous dirigez avec tant de maîtrise, pour parler de son haut avec liberté.

De cette publication, vous avez donc quelque responsabilité. Aidez-moi à la porter en ce livre où j'ajoute à mes Souvenirs que vous avez publiés quelques annexes importantes, que je m'abstiens de commenter pour ne pas en affaiblir la portée. Au public de les apprécier et de les juger.

Croyez-moi votre cordialement dévoué,

L. L. KLOTZ.

Evian, le 12 août 1923.

DE LA GUERRE A LA PAIX

CHAPITRE PREMIER

LA MOBILISATION

Des Mémoires ? encore, toujours des Mémoires, où l'auteur se donne le rôle avantageux, parle de lui sans trêve, affirme, juge, prononce un plaidoyer en sa faveur et un réquisitoire contre quiconque l'a combattu jadis ou seulement contredit, note chaque jour ses impressions définitives ? Non, mais des souvenirs, au cours des événements les plus dramatiques de l'histoire, des souvenirs du Gouvernement militaire de Paris à l'heure de la victoire de la Marne, des souvenirs de la Commission du Budget pendant la première partie de la guerre, des souvenirs du Ministère des Finances et de la Conférence de la paix, des souvenirs d'acteur ou de spectateur sur les faits et les personnes, des anecdotes souvent, du sérieux, de la gaieté parfois, de l'impartialité, — relative, dirait Einstein, — de l'indépendance, de la vérité.

LA MOBILISATION PARLEMENTAIRE.

Comment se fait-il que l'organisation des pouvoirs publics en temps de guerre n'ait pas été prévue ? De 1871 à 1914, le délai suffisait pour l'élaboration et le vote des textes nécessaires. Mais, aux imprudents, aux audacieux qui osaient réclamer des Chambres une détermination à ce sujet, on répondait avec circonspection : « Vous allez nous faire passer pour des militaristes ; on va prétendre que nous préparons la guerre ; qui sait ? l'inscription à l'ordre du jour des Assemblées d'une pareille proposition pourrait apparaître comme une provocation. » Et c'est pour ces motifs pusillanimes que la question de savoir quelle serait la situation des sénateurs et des députés en cas de guerre n'était pas résolue, après quarante-trois ans !

Le problème, certes, est délicat : dans chaque parti on s'était évertué à l'étudier ; Gauthier de Clagny, ancien député boulangiste de Seine-et-Oise, Berteaux, radical socialiste du même département, s'y intéressaient vivement ; je crois même que Berteaux, pendant son ministère, avait préparé un projet qui resta dans un tiroir de la rue Saint-Dominique.

Qu'est-il devenu ? Si, aujourd'hui même, je demandais qu'il fût repris, à quels reproches ne m'exposerais-je point ? A ceux mêmes qui m'assaillirent lorsqu'à une époque contemporaine de l'alerte de Tanger, j'invitais la Chambre, dans le rapport sur le budget de la Guerre, à prendre une détermination en opérant à froid. Quelle détermination ? Même imparfaite, elle serait supérieure à l'indécision, à l'incertitude.

A quel spectacle nous a-t-il été donné d'assister en 1914 ? On pouvait opter entre deux systèmes également défendables.

Premier système : le député mobilisable se rend aux armées.

Deuxième système : le député reste à son banc.

Par le premier, il accomplit le devoir militaire, — et combien, le comprenant ainsi, ont sacrifié leur vie ! — par le second, le devoir civique, qui a également ses périls.

Or, on en inventa un troisième, grâce auquel le parlementaire rejoignit tantôt son poste militaire, tantôt son poste civique ; il allait en vitesse de la travée à la tranchée et réciproquement, ce qui n'était pas sans inconvénients dans les deux ordres.

Pourquoi ce désarroi ? A défaut des précisions législatives, une parole pouvait s'élever, autorisée, décisive, indiscutable, qui eût tracé et imposé la règle.

Le Gouvernement resta dans le silence ; peut-être n'était-ce pas à lui de le rompre ? Les Assemblées ont des présidents, dont le rôle ne consiste pas seulement à occuper le siège, à agiter la sonnette, à se couvrir pendant les orages, à figurer à côté du chef de l'Etat dans les cérémonies officielles, à donner leur avis pendant les crises ministérielles, à habiter un palais national. Ils ont le mandat implicite de défendre les prérogatives desdites Assemblées et, après avoir affirmé leurs droits, de leur dire le devoir. Le fauteuil resta muet avec obstination ; il y avait quelque risque personnel à parler. Ah ! si Henri Brisson avait vécu, il n'aurait pas ménagé son avenir.

MAURICE BARRÈS VOULAIT S'ENGAGER.

Aussi bien, beaucoup de mes collègues furent-ils remplis d'incertitude et de perplexité, même ceux qui n'étaient plus d'âge mobilisable. Parmi ces derniers, l'un d'entre eux, personnage important, président de la Ligue des Patriotes, vint me voir, dès les premiers jours de la mobilisation. Nous n'étions pas du même parti ; nous avions quelquefois échangé des coups : mais il savait la profonde estime où je le tiens et l'admiration sincère que je professe pour son exceptionnel talent. Il me confia son angoisse.

« Je suis venu vers vous, me dit-il, parce que vous êtes à l'Etat-major du gouverneur militaire de Paris — mon ordre de mobilisation m'y affectait depuis longtemps — et que j'ai la volonté, bien que né en 1862, de contracter un engagement. Parlez de moi et facilitez mes projets.

» — Avez-vous déjà servi ?

» — Non ; j'ai toujours été ajourné.

» — Alors, il faudra faire vos classes, apprendre le maniement du fusil, accomplir des exercices d'assouplissement ! Enfin, je ferai selon votre désir. »

Il me parla aussi de son fils âgé de dix-huit ans, qui s'engagea quelques jours après.

ANATOLE FRANCE ET EDMOND ROSTAND.

L'idée de Maurice Barrès hantait d'ailleurs bien des cerveaux ; il ne faut pas oublier qu'Anatole France, lui aussi, fut animé des mêmes sentiments ; et, entre tous autres qui s'adressèrent alors à moi, je n'oublierai jamais notre poète Edmond Rostand qui, bien que déjà menacé par la maladie, rechercha du service. Avec son charme incomparable, il plaida devant moi sa cause en termes émouvants, comme seul il les pouvait trouver ; il me fallut lui faire des promesses. Rostand, à la mobilisation, exalté, enthousiaste, je l'ai revu bien souvent pendant la guerre, pensif, agité, mais confiant ; je l'ai aperçu précisément, le jour de l'armistice ; hélas ! c'était la dernière fois avant sa mort qui, quelques jours plus tard, a privé la France d'un de ses plus nobles fils. Mêlé à la foule de ceux qui acclamaient Clemenceau se rendant au Palais-Bourbon, il se précipita, juvénile et ardent, jusque sur le marchepied de l'automobile, comme pour s'associer à la victoire.

Et me reviennent à l'esprit ces vers posthumes trouvés sur un carnet et qui semblent aujourd'hui une prédiction pénible et douloureuse :

> Je ne veux voir que la Victoire.
> Ne me demandez pas : « Après ? »
> Après, je veux bien la nuit noire
> Et le sommeil sous les cyprès.
>
> Je n'ai plus de joie à poursuivre
> Et je n'ai plus rien à souffrir.
> Vaincu, je ne pourrai pas vivre
> Et, vainqueur, on pourra mourir.

Il a vu la Victoire et, après, il a pu mourir, suivi dans la tombe par Maurice Barrès, sans que nous soyons jamais consolés de leur perte prématurée.

Mais quelles saines et vaillantes pensées que celles qui agitaient jusqu'au tréfonds des cerveaux d'élite comme ceux d'Anatole France, de Maurice Barrès et d'Edmond Rostand !

OU MESSIMY SONGE A TYRTÉE.

L'homme public pouvait, d'ailleurs, être employé à bien des tâches d'intérêt national. Le ministre de la Guerre songeait plus que tout autre à ces utilisations : il en imagina quelquefois de pittoresques, une entre autres et l'histoire vaut d'en être contée.

J'étais rentré à mon domicile, un soir de la première semaine d'août, après une journée de dur labeur ; le téléphone retentit. Le ministre de la Guerre appelait le commandant Klotz. Je pris presque automatiquement la position militaire à l'autre bout du fil. Messimy me donnait personnellement l'ordre de passer à son cabinet, le lendemain matin, à sept heures et demie, pour me confier une mission urgente.

Je fus exact à la convocation. Messimy, dont on ne devra jamais oublier, d'abord le choix admirable qu'il fit de Galliéni comme gouverneur de la capitale et commandant en chef des Armées de Paris, ensuite la victoire qu'il remporta, en 1916, à la tête de la 6ᵉ brigade de chasseurs sur ma petite terre picarde de Bouchavesnes, Messimy arpentait son cabinet à larges pas et, s'arrêtant dans sa marche, il me dit à brûle-pourpoint : « Dans l'antiquité, pour stimuler l'ardeur des combattants, les Grecs plaçaient en tête des armées de Lacédémone le poète Tyrtée qui chantait lui-même ses hymnes patriotiques. Les conditions de la guerre ont, depuis lors, changé. Mais, pour exciter l'enthousiasme guerrier, j'ai songé à une combinaison autre qui galvaniserait la nation tout entière. Vous allez donc vous rendre sans tarder chez les deux hommes auxquels je songe. Ils devront aujourd'hui même contracter un engagement volontaire : dans cette même journée, je les nomme caporal, sergent, adjudant, sous-lieutenant. Je les affecte à un régiment de l'Est, en qualité de porte-drapeau. — De qui s'agit-il ? interrompis-je doucement. — De Briand et de Barthou. — Mais ils n'ont plus l'âge de servir ! crus-je devoir objecter, un peu interloqué. — Qu'importe ! D'ailleurs, Briand est un intrépide chasseur ; et puis, leur acte n'en sera que plus méritoire et n'en aura que plus de retentissement ; rendez vous immédiatement chez eux. » C'était un ordre ; il ne me restait qu'à l'exécuter.

DÉMARCHES CHEZ BRIAND ET BARTHOU

Devant Messimy, je demandai par téléphone, de la part du ministre de la Guerre, audience pour le matin même, à mes deux anciens présidents du Conseil qui justement tous deux étaient les auteurs de la loi de trois ans, l'un l'ayant proposée et l'autre fait voter.

Briand était assez intrigué par cet appel téléphonique ; je le trouvai chez lui, très simple et un peu nerveux. Je lui fis connaître les instructions de Messimy ; il en rit avec franchise, mais répondit que son état de santé ne lui permettait pas d'entreprendre des tâches au-dessus de ses forces physiques, qu'il mettait tout son concours au service du Gouvernement pour l'organisation de la défense nationale à l'intérieur du pays, organisation qui d'ailleurs était particulièrement défectueuse.

Barthou, lui, m'attendait dans son incomparable bibliothèque : pressé de savoir, il m'interrogea et je lui fis part de l'invitation ministérielle. Au contraire de Briand, il ne rit point, prit la chose au sérieux, par un geste familier rajusta son binocle sur le haut de son nez, près des yeux et me déclara tout net qu'avant de prendre une décision, il lui fallait consulter autour de lui, qu'au surplus et dès lors même il se mettait à la disposition de Messimy pour la réorganisation du service de Santé qui était, hélas ! dans un trop médiocre état. Barthou, comme Briand, était disposé à servir à la place même où il pouvait donner le meilleur rendement, ce que, d'ailleurs, il fit.

Mais, si les pouvoirs publics avaient été préalablement organisés, combien de forces, qui, dès l'origine, ont été perdues, eussent trouvé le plus salutaire emploi !... La mobilisation civile a été manquée.

CHAPITRE II

SAGES ET UTILES PRÉCAUTIONS DU TRÉSOR

Le 2 août 1914, à l'heure où les instructions du commandement assignaient aux unités de l'armée leurs emplacements de combat, la mobilisation financière s'opérait-elle, parallèlement, avec le même ordre et la même précision? Oui ; tout avait été prévu, de telle manière que les comptables du Trésor purent disposer immédiatement des moyens de paiement indispensables à la Défense nationale.

AVANT LA GUERRE.

Dès le mois de novembre 1911, j'avais passé, en qualité de ministre des Finances avec la Banque de France, un accord qui assurait au Trésor public, en cas de mobilisation générale, une avance immédiate de 2.900 millions. Aujourd'hui, la somme paraîtrait minime, tant nous avons pris l'habitude de jongler avec les milliards ! Il n'en reste pas moins que cette avance permit de faire face à toutes les dépenses de la mobilisation et des hostilités pendant les trois premiers mois.

Trois mois seulement, diront les esprits chagrins, alors que la guerre dura plus de cinquante mois ! Mais qui donc, en France, croyait à une guerre longue? Interrogé par mes soins en 1912, alors que la conflagration balkanique pouvait déjà mettre l'Europe entière en feu, sur l'éventuelle durée d'hostilités auxquelles la France risquait elle-même d'être entraînée, — question posée pour permettre d'apprécier à temps la charge et les moyens financiers de la France, — l'État-major général répondit qu'au bout de six mois tout devait être fini. Et cette conception prévalut longtemps dans les conseils mêmes du Gouvernement. Qui ne se souvient de la surprise avec laquelle nous apprîmes que Kitchener ordonnait de souscrire des baux de plusieurs années pour les immeubles ou les terrains dont l'armée anglaise disposait sur notre territoire?

Qu'il me soit permis de rappeler, en passant, qu'en cette même année 1912, M. Poincaré, alors Président du Conseil, avait eu à de fréquentes reprises d'utiles conversations avec les ministres de la Guerre et des Finances en particulier, pour que le pays ne pût être surpris par les événements. Des mesures de prévoyance avaient été arrêtées. Je me suis laissé dire qu'elles furent négligées rue de Rivoli, où elles restèrent enfermées, à l'heure critique, dans le coffre même du ministre !

LES COUPURES ÉTAIENT PRÊTES.

Quant à la Banque de France, elle avait su prendre ses dispositions : elle avait fabriqué et réparti à l'avance dans les caisses de toutes ses succursales les petites coupures de 5 francs et de 20 francs qui firent leur apparition sur tout le territoire dès le début des hostilités et qui y resteront encore longtemps, je pense. Elle avait adressé à tous ses services et à tous ses établissements des instructions précises et détaillées qui assignaient à chacun son poste.

Dès le début des hostilités, elle avait fait évacuer les titres déposés par ses clients dans les serres de ses succursales de la frontière.

Après Charleroi, la menace allemande se précipitant, le territoire étant envahi, il faut mettre immédiatement à l'abri les espèces et valeurs détenues par les succursales du Nord et de l'Est.

Mais bientôt Paris même est menacé ; le public ne connaît pas encore le danger que court la capitale ; le Gouvernement ne peut pas le laisser ignorer à la Banque, qui conserve dans les installations de son siège central un stock immense de titres appartenant aux déposants et une encaisse qui constitue le trésor de guerre de la France.

DES MILLIARDS MIS A L'ABRI.

En quinze jours, au prix d'un labeur acharné, toute l'encaisse, tous les dépôts de titres sont évacués.

Du 18 août au 3 septembre, des trains entiers, des fourgons attelés aux trains de messageries, emportent sans interruption 36 millions d'argent et près de 4 milliards d'or. Plus de quatorze millions de titres, enfermés dans huit mille sacs, sont chargés sur quarante-neuf wagons, expédiés en deux trains spéciaux convoyés par des agents de la Banque et entreposés dans les succursales du Sud-Est.

Lorsque le gouverneur et les sous-gouverneurs s'établissent par ordre à Bordeaux, où la Banque devait rester aux côtés du Gouvernement pour prendre, d'accord avec lui, les mesures financières utiles, elle ne conserva à Paris qu'une simple succursale.

Pour éviter, au cas où Paris aurait été occupé, tout malentendu qui aurait pu servir de prétexte à des exigences injustifiées de la part des autorités allemandes, il avait été formellement prévu que la succursale de Paris serait administrée provisoirement par le secrétaire général, M. Ernest Picard, qui « aurait les mêmes pouvoirs que les directeurs des succursales ». Ce qui veut dire qu'il n'en avait pas davantage et que, n'ayant pas en particulier celui d'engager la Banque, les Allemands n'auraient pu en aucun cas exiger de lui qu'il le fît.

Mais, sous prétexte de sécurité, allait-on laisser Paris sans ressources ? La succursale de la Banque de France restait, au contraire, largement approvisionnée pour être en mesure de faire face aux nombreux paiements qui lui incombaient. C'étaient les services du Trésor et Postes de l'armée de Paris, de nombreux titulaires de comptes demeurés dans la capitale, des délégations des ministères qui réclamaient, à première réquisition, d'importantes disponibilités.

UNE CACHETTE IGNORÉE.

On avait donc laissé à Paris, à la disposition du secrétaire général directeur, 25 millions d'or placés en un lieu sûr — qui surprendrait bien des gens — où l'on saurait toujours les retrouver, mais où les Allemands n'auraient pu les atteindre. On avait laissé aussi une réserve de billets de toutes coupures atteignant environ 250 millions de francs.

Mais un pareil approvisionnement devait, en cas d'occupation, être soustrait aux convoitises des Allemands dont on apprenait les procédés en province avec une stupeur et une colère légitimes ; et cette éventualité causait de vives préoccupations tant à la Banque qu'au Gouvernement militaire de Paris. Chargé alors par le général Galliéni des questions financières, j'ai eu bien des fois l'occasion de m'entretenir de ce grave problème avec M. Robineau, aujourd'hui gouverneur de la Banque, qui, resté à Paris, avait pour mission de traiter avec nous les mille problèmes de sécurité et aussi de trésorerie qui se posaient à tout instant. Je dois une mention spéciale à M. Robineau. Je me rappelle une entrevue émouvante où d'importantes déterminations furent arrêtées : il procédait avec un calme parfait, presque avec le sourire, avec le plus merveilleux courage civique ; car il y avait pour lui de très grands risques qu'il connaissait, si les choses se fussent gâtées : loin de fuir ses responsabilités, il les assumait toutes avec simplicité. Alors que certains s'étaient spontanément empressés de quitter Paris et ses dangers, Robineau marchait, lui, d'un pas délibéré et presque solitaire, vers un inconnu qui pouvait devenir terrible.

QUATRE MOTS D'ORDRE.

Qu'avions-nous alors décidé? Pour être en mesure d'assurer, en toute hâte, au cas d'un danger imminent, l'évacuation et la destruction d'un stock de billets aussi volumineux, il avait été convenu avec la Banque qu'un de ses délégués resterait, en permanence, de jour et de nuit, en liaison téléphonique avec le Quartier général, et que les ordres d'évacuation et de destruction seraient transmis par téléphone à la Banque en quatre commandements successifs, d'une brièveté toute militaire : « Attention », « Chargez », « Partez », Brulez ».

« Attention », la Banque prenait ses dispositions préparatoires et mobilisait son personnel.

« Chargez », et les sacs de billets devaient être placés sur les camions automobiles qui stationnaient, en permanence, avec leurs équipes de chargement, dans les cours de la Banque.

« Partez », et les camions devaient franchir la porte de la rue de la Vrillière.

« Brûlez »... Je dois reconnaître qu'il était moins facile d'exécuter cet ordre que de le donner...

Qu'on essaie de brûler, jusqu'à en faire disparaître tout vestige, un seul paquet de 1.000 feuilles de papier étroitement ficelées et l'on se rendra compte des difficultés que soulevait la nécessité d'une destruction complète et très rapide de 2.134 paquets de cette nature !

La fertilité d'invention de la Banque fut mise à une rude épreuve ; les procédés les plus divers, les plus inattendus furent examinés. On songea successivement aux appareils normaux de destruction de la Banque, bien insuffisants en la circonstance, au four crématoire du Père Lachaise, aux appareils d'incinération des ordures ménagères, aux cimetières parisiens dont les caveaux auraient temporairement donné asile à ces hôtes imprévus, aux appareils de la Compagnie du gaz, dont l'excessive prudence resta en éveil ; elle craignait, entre autres choses, que ses fours ne fussent encrassés.

UNE POUDRE DANGEREUSE.

Aucune de ces combinaisons ne répondait pleinement aux nécessités de l'heure et la Banque en venait à désespérer de pouvoir jamais exécuter, avec l'extrême rapidité qui convenait, l'ordre possible de l'autorité militaire, lorsqu'un chimiste très distingué, au courant des préoccupations des représentants de la Banque, demanda à être entendu pour soumettre ses suggestions. Il s'agissait d'un procédé rapide entre tous, d'une poudre qui pouvait — assurait le savant — réduire en cendres, avec la rapidité de la foudre, l'énorme masse de papier.

« Avez-vous un emplacement ? » demanda-t-il. — Certainement. Nous avons, répondit le représentant de la Banque, un terrain, boulevard Pereire. » — « Diable, objecta lui-même le chimiste, c'est que la poudre détruira aussi les maisons sur un rayon d'au moins trois kilomètres ! »

C'est finalement aux raffineries Say, qui acceptèrent de mettre à cet effet leurs appareils à la disposition de la Banque, que fut confiée la mission de détruire éventuellement les plus grosses coupures. Quant aux petits billets de 20 francs et de 5 francs, la Banque s'était chargée de les rendre elle-même inutilisables, en les sectionnant en une poussière de fragments. On installa à cet effet, dans les locaux de la Banque, une batterie de vingt massicots fonctionnant à l'électricité et qui devaient permettre de découper rapidement en fragments inutilisables le stock important des petites coupures, qui atteignait en nombre plus de la moitié de l'encaisse totale en billets de l'établissement de Paris.

On était donc prêt à détruire, jusqu'au dernier, tous les billets restant à la Banque et aussi, naturellement, les clichés qui pouvaient servir à en imprimer de nouveaux.

Si les Allemands étaient entrés à Paris, *il leur eût été impossible de saisir à la Banque un seul billet, il leur eût été impossible d'en faire fabriquer.*

LES FONDS EN DÉPÔT.

Mais une autre question se posait. Une clientèle encore nombreuse avait des fonds déposés dans l'établissement et la destruction de tous les billets ne permettrait plus de retirer un centime. Les dépôts auraient été complètement bloqués. En soustrayant les billets aux Allemands, on en privait aussi les parisiens, qui en auraient certainement besoin.

On pensa un instant à demander aux clients de retirer tous leurs fonds, mais on se rendit compte qu'il était dangereux d'augmenter encore, par une semblable mesure, l'anxiété du public. D'ailleurs, impossible d'obtenir en un si court délai le retrait total des dépôts.

LE CHÈQUE AUPETIT.

Alors, avec une rapidité surprenante, M. Aupetit, le très distingué secrétaire général actuel de la Banque, imagina et fit préparer en quelques heures un *chèque spécial* (1) qui permettrait de transférer des fonds et d'effectuer des paiements au nez et à la barbe des Allemands, sans qu'ils pussent saisir le moindre centime.

Il était spécifié que ce chèque, libellé en sommes rondes, serait payable ultérieurement en monnaie légale et qu'en attendant, il serait lui-même accepté en paiement par la Banque et tous ses déposants. Chacun le recevrait donc sans risque, certain qu'il pourrait le remettre aussi en paiement.

(1) Voir pages 25 et 26.

Ces chèques, émis sous le nom de chaque client et transmissibles par endossement, pouvaient devenir une véritable *monnaie sous signature privée* et circuler aussi facilement que des billets de banque dès que l'un des bénéficiaires libellerait, comme d'ailleurs on le suggérait, son endos *au porteur* au lieu de le libeller *à personne dénommée*.

Entre Parisiens, entre Français, c'était une monnaie. A l'égard des Allemands, c'était un titre privé, émis sous la signature de particuliers, que l'on pouvait légitimement soustraire à toute saisie.

Les événements ont permis de laisser ce chèque dans le carton aux projets superflus ; mais, ayant assisté à sa conception et m'étant rendu compte des services qu'il pouvait rendre, j'ai pensé qu'il n'était pas inutile d'en noter le souvenir.

Tout était donc prêt pour obvier aux redoutables éventualités que la marche des armées allemandes faisait peser sur le sort de Paris. Nous nous étions organisés en vue du pire et prémunis, autant que possible, de manière à mettre, financièrement parlant, les Allemands en présence du vide. Mais les mesures irréparables avaient été ajournées jusqu'à l'extrême dernière minute, de telle sorte que, le danger écarté, la vie économique de Paris pût continuer et reprendre progressivement, sans-à-coups, toute son activité.

AU MINISTÈRE DES FINANCES

Que se passait-il pendant ce même temps au Ministère des Finances ? A la veille de quitter Paris, les ministres avaient désigné, pour chaque administration centrale, un

*Paris, le*_______________________ *19*____   ℳ.

BANQUE DE FRANCE

A L'ORDRE de M_______________________*la* BANQUE DE FRANCE
paiera en monnaies libératoires, à dater d'un avis ultérieur, la somme

Le Caissier,   *Le Contrôleur.*

*Nom*_______________________

*Somme*_______________________

*Date*_______________________

Sur demande du porteur, le présent titre peut être divisé en fractions d'un minimum de 5 francs chacune. S'adresser à la BANQUE DE FRANCE, 39, rue Croix-des-Petits-Champs.

La propriété du présent titre est valablement transmise par l'indication, au dos, du nom du nouveau propriétaire, la date, la signature et l'adresse du cédant. Le propriétaire peut également rendre le titre payable au porteur en remplaçant au dos la mention : PAYEZ A L'ORDRE par la mention : PAYEZ AU PORTEUR.

Payez à l'ordre de...

....

Le..*1914.*

SIGNATURE :

ADRESSE :...

Payez à l'ordre de...

....

Le..*1914.*

SIGNATURE :

ADRESSE :...

Payez à l'ordre de...

....

Le..*1914.*

SIGNATURE :

ADRESSE :...

Payez à l'ordre de...

....

Le..*1914.*

SIGNATURE :

ADRESSE :...

Payez à l'ordre de...

....

Le..*1914.*

SIGNATURE :

ADRESSE :...

fonctionnaire supérieur qui devait prendre en mains la direction des services laissés dans la capitale. Le ministre des Finances avait fait choix de M. Blanchon, le chef de service des travaux législatifs et du contentieux. Avec deux de ses collègues, il avait la charge d'assurer la marche des bureaux qu'il était indispensable de maintenir ouverts dans l'intérêt du pays et des créanciers de l'Etat. La Caisse centrale, par exemple, pouvait-elle, sans inconvénients graves, interrompre le cours de ses opérations? M. Blanchon, fonctionnaire discret et sûr, à qui l'on vient encore de donner très légitimement une mission de confiance — l'apurement des fameux comptes spéciaux — n'avait pas reçu d'instructions : il ne pensait pas que le plus simple était, comme certain le lui avait suggéré avec une indiscutable autorité, de mettre, à l'heure du péril, la clef sous la porte. Il estimait que son premier devoir était de prendre contact avec le Gouverneur militaire. Blanchon voulait savoir comment il serait prévenu de l'approche ennemie. Il avait bien raison ; pour la sauvegarde des caisses publiques, des mesures étaient à prendre à l'heure opportune. Comme tant d'autres, cette question n'avait pas été examinée en haut lieu. Blanchon se rendit donc au Gouvernement militaire et demanda à être reçu par le Gouverneur ; mais le général Galliéni, tout aux nécessités du combat, s'était déchargé sur nous de la tâche administrative, en la contrôlant cependant avec une admirable lucidité. Blanchon l'ignorait naturellement ; il errait donc dans les couloirs du quartier général, lorsqu'il reconnut, sous l'uniforme d'officier d'artillerie, l'ancien ministre des Finances qui, en 1912, l'avait nommé à son poste. Il lui exposa son embarras.

La solution fut rapidement trouvée : je m'engageai à prévenir, le moment venu, le ministère des Finances par des avis téléphoniques de jour et de nuit. Un langage conventionnel fut adopté, analogue à celui arrêté avec la Banque de France ; seul, le quatrième terme « Brûlez » était naturellement supprimé.

Le premier signal « Attention » indiquerait qu'il y avait de sérieux risques d'invasion. Le fonctionnaire des Finances, qui, à partir de ce moment, se tiendrait prêt à recevoir d'autres communications, devait, d'ailleurs, sans plus attendre, inviter le caissier payeur central du Trésor public, le receveur central des finances de la Seine, etc., à faire porter d'urgence leurs encaisses à la Banque de France.

Le mot « Chargez » signifierait que la menace ennemie devenait plus pressante. M. Blanchon inviterait la Banque de France à placer fonds et valeurs dans le fourgon préparé pour le dernier voyage.

Le signal du départ serait donné par le mot « Partez ». Paris allait être envahi ; il n'y avait plus une minute à perdre. Les caisses publiques étaient vidées : une proie facile échappait à l'ennemi.

Les dispositions étaient donc sérieusement concertées ; la victoire de la Marne, préparée par celle de l'Ourcq, que Galliéni et Maunoury remportèrent, les rendit heureusement inutiles.

CHAPITRE III

LA CENSURE

Si on relit les circulaires d'août 1914 adressées par
M. Messimy tant au préfet de police qu'aux directeurs de
journaux, on s'aperçoit aisément que la censure est très
éloignée d'être prévue.

« Les journaux et périodiques, écrivait l'ancien ministre
de la Guerre, après avoir envoyé au *Bureau de la Presse*
une épreuve, peuvent procéder au tirage et à la vente sur
la voie publique sans aucune autorisation ; mais ils s'exposeraient à la saisie immédiate, si l'examen de l'épreuve
permet de constater l'insertion de nouvelles militaires non
communiquées par le Bureau de la Presse. »

Toutefois la loi du 5 août 1914 réprimant les indiscré-
tions de la presse contenait une disposition générale qui
interdisait de publier « toute information ou article concernant les opérations militaires ou diplomatiques de nature
à favoriser l'ennemi et à exercer une influence fâcheuse sur
l'esprit de l'armée et des populations. »

Seules — il importe de le remarquer — étaient visées
dans ce paragraphe les publications concernant « les opérations militaires ou diplomatiques » et non les publications politiques. Or, la loi du 5 août 1914 était énuméra-
tive, en conséquence limitative.

Comment et quand naquit donc la censure politique?
Il n'est pas sans intérêt de le rechercher.

INCONVÉNIENTS DU SERVICE.

Lorsque le Gouvernement partit pour Bordeaux, le 3 septembre, tous les pouvoirs d'administration, de justice et de police passèrent, à Paris, entre les mains du général Galliéni. Les rapports avec la presse étaient dans les attributions du deuxième bureau de son état-major, auquel j'appartenais. Il me fit appeler le même jour pour me confier cette tâche délicate ; je présentai de sérieuses objections. « Un parlementaire, disais-je en substance, est plus mal placé que quiconque pour exercer ces fonctions ; je préfère un poste plus actif. » Le général fit valoir que la connaissance des hommes et des choses était indispensable, me déclara qu'il ne pouvait s'adresser qu'à moi et m'imposa, par ordre, cette tâche de confiance. Profonde fut ma perplexité ! Je mandai aussitôt mon ami et ancien collaborateur Paul Bourély, journaliste de race, député avisé et courageux, pour le prier de m'apporter sa collaboration.

Bourély était déjà atteint par la maladie qui l'enleva, en 1919, à notre affection. Ses deux fils étaient aux armées, d'où ils ne revinrent, hélas ! ni l'un ni l'autre. Il comprit le rôle que je lui assignais et, quoique sans fortune, se donna à l'œuvre commune avec le plus complet désintéressement.

Naturellement, le Gouvernement, en s'en allant, avait laissé derrière lui un bureau de la presse déjà constitué, dont nous dûmes conserver les éléments.

La besogne était formidable. A toute heure du jour, plus particulièrement entre 10 et 15 heures, entre 22 et 3 heures, il fallait lire attentivement les morasses de tous les quotidiens, de tous les périodiques.

Les chefs de service donnaient seulement des indications générales que chacun interprétait avec son intelligence propre.

Tous les jours, à 14 heures, il y avait rapport : je faisais la critique des opérations de la journée précédente : je regrettais quelquefois qu'on ait laissé passer une information qu'on aurait dû interdire, je regrettais quelquefois qu'on ait interdit une information qui pouvait passer sans inconvénient.

Pour qu'un pareil service pût fonctionner comme il convenait, il eût été nécessaire qu'un seul homme pût accomplir toute la tâche, lire tout avec ses deux seuls yeux ; il lui eût fallu posséder toute la technique militaire, connaître la politique intérieure et extérieure de tous les pays, être un historien, un géographe, un savant, un jurisconsulte, un financier, un industriel, un agriculteur, tout savoir, tout comprendre surtout ; aux qualités ainsi requises d'un censeur, quel Pic de la Mirandole, quel encyclopédiste eût été digne de l'être ! Ajoutez qu'il y avait un bureau de la presse à Bordeaux, un autre à Paris et que forcément l'un usait de liberté ou de sévérité à rebours de l'autre. J'ai conservé le souvenir d'un article de politique extérieure que j'avais soumis à la vérification suivante : j'avais à l'occasion de cet article demandé sur son opportunité tout à la fois l'avis de Bordeaux et l'avis du représentant du ministère des Affaires étrangères resté à Paris, M. Alphand, le très distingué chef actuel de l'Office des biens et intérêts privés français à l'étranger. Pendant que Paris disait oui, Bordeaux disait non. Ce furent là les petites difficultés du métier.

NAISSANCE DE LA CENSURE POLITIQUE.

Nous en étions à nos tâtonnements inévitables, sans trop de secousses, mes collaborateurs et moi, mes colla-

borateurs que je n'ai pas oubliés et à qui j'avais déclaré que
je les couvrais par avance — ce qui est la manière d'être
bien secondé — lorsqu'un beau soir, en pleine bataille de
la Marne, éclata, dans nos bureaux du lycée Duruy, boulevard des Invalides, une bombe sensationnelle.

Bourély assurait cette nuit-là le service ; j'avais l'habitude de revenir tous les soirs, vers 22 heures, au Quartier
général, pour les communiqués à la presse qu'on distribuait
avant minuit.

Un peu ému, Bourély m'annonce que, par téléphone,
de Bordeaux, on vient de transmettre un ordre important ;
je le prie de réclamer à la commission de contrôle une
communication écrite de la note de Bordeaux. Et à
23 h. 55, le lundi 7 septembre, à l'instant où s'engage la
formidable partie gagnée sur la Marne, il nous est donné
de lire l'ordre suivant : « *Nous sommes informés que cette
nuit des articles vont paraître contre le Gouvernement :
veiller à ce que rien ne passe.* »

La censure politique était née.

Malgré ma surprise très vive, je dis à Bourély que l'autorité militaire n'avait qu'à obéir ; je le priai de me laisser un mot sur mon bureau — que je trouverais le lendemain matin — relatif aux incidents éventuels de la nuit.
J'ajoutai qu'en cas d'urgence, il pouvait me téléphoner.
Je ne fus réveillé par aucun appel téléphonique et je trouvai, de la main de Bourély, ce bref rapport sur du papier
du ministère de la Guerre qu'avait conservé le bureau de
la presse : « *Tous les journaux imprimés dans la nuit du
7 au 8 septembre ont été soigneusement examinés ; aucune
critique, aucun article d'hostilité gouvernementale n'y ont
été relevés.* » Signés : PAUL BOURÉLY.

Je ne sais encore pourquoi le Gouvernement s'attendait à des attaques de presse : l'opinion était retenue sur

des sujets plus graves, plus passionnants, sur la bataille qu'on sentait décisive.

Il faut avoir vu Paris à cette époque-là ! Qui donc songeait à la politique ? La tenue morale et matérielle de la capitale était admirable, on ne pensait qu'à l'action militaire ; à l'ardeur du patriotisme n'était mêlée aucune préoccupation autre. Qui donc avait pu inspirer à Bordeaux d'autres soucis ? Pourtant, l'ordre donné fut maintenu et naturellement exécuté quand l'occasion s'en présenta ; elle ne tarda pas à naître. Des critiques furent présentées de façon mordante et spirituelle contre M. Thomson, ministre du Commerce, à cause du fonctionnement du service des Postes dont il était responsable. L'article figurait dans les colonnes de *l'Intransigeant* ; il fallait obéir à l'ordre formel du 7 septembre : « veiller à ce que *rien* ne passe. » Rien ne passa.

LES MAINS COUPÉES.

Ce n'est pas que, bien comprise, la Censure n'ait pu rendre des services ; elle en a rendu d'éminents ; elle n'existait pas en 1870-71 ; une indiscrétion de presse compromit irrémédiablement alors le sort de nos armées. Grâce à la censure et à la bonne discipline de la presse française, ce terrible précédent ne fut pas renouvelé ! Par ailleurs même, la censure pouvait éviter des incidents fâcheux. Par exemple : un soir, sur la morasse du *Figaro*, j'aperçois un article en première page, très impressionnant ; on y relatait, sous la signature de deux savants éminents, dont l'un était membre de l'Institut, une information d'une exceptionnelle gravité : les deux savants avaient vu, *de leurs yeux vu*, une centaine d'enfants, dont les mains avaient été coupéos par les Allemands. On ne disait ni où, ni quand. Je considérai : 1° que l'information était scientifiquement discutable, car ces enfants aux mains coupées auraient dû mourir ; 2° que si le fait était, par extraordinaire, vrai — deux savants l'affirmaient sous leur signature — un grand retentissement devait être donné solennellement à ces atrocités. Je téléphonai donc à Vonoven, alors secrétaire général du *Figaro*, qui y écrit aujourd'hui avec tant de sens l'article politique du jour, pour lui dire que j'ajournais la publication ; il fit naturellement un bruit de tous les diables, maugréa, tempêta ; il finit par entendre raison et il s'apaisa lorsque je lui déclarai : « Je viens de téléphoner à l'ambassadeur des États-Unis — cet homme de courage et de cœur qu'est M. Myron T. Herrick, dont le rôle à Paris mérite d'être conservé par l'Histoire — pour lui demander de se rendre demain matin avec son attaché militaire, le colonel Cosby et moi, en emportant le sceau de l'Ambassade, afin d'opérer une constatation officielle dont le monde civilisé frémirait, à un endroit que je lui désignerais. Sans hésiter, l'ambassadeur a répondu : volontiers. Je vous ferai tenir le résultat de notre visite et de nos investigations ; votre information ne souffrira donc point. Seulement, il faut que je connaisse d'extrême urgence l'endroit où nous pourrons pratiquer les constatations. Faites dire à vos deux savants que je désire les voir immédiatement : j'irai chez eux, s'il le faut, à n'importe quelle heure, à moins qu'ils ne préfèrent me rejoindre. » Ces deux savants, je les attends encore aujourd'hui ; ils ont dû mourir de la fièvre obsidionale.

En surveillant les informations de cette espèce, en ne laissant passer que celles qui avaient été contrôlées — et elles étaient suffisamment effroyables — la censure montrait son utilité ; les Allemands pourraient — s'ils avaient une parcelle de bonne foi — reconnaître qu'elle avait le souci de la vérité. Cet incident démontre, au surplus, la réalité de toutes les autres atrocités dont on peut relire le récit douloureux dans l'enquête Payelle trop tôt oubliée !

CHAPITRE IV

LES JOURNÉES DE LA MARNE

Dès le départ du Gouvernement pour Bordeaux, Paris se
prépara avec recueillement aux épreuves qui l'attendaient.
Le « jusqu'au bout » du grand chef auquel son salut était
confié le rassurait ; d'une extrémité à l'autre de la
capitale, chacun n'avait plus qu'une pensée, celle du
devoir, qu'une raison de vivre, l'espérance. La lumière
de l'été finissant, aussi bien aux heures de jour que pendant
la nuit laiteuse, paraît la ville entière d'un vêtement
féerique ; comme par coquetterie, elle se surpassait en
beauté, de même qu'elle se surpassait en tenue morale, en
dignité et en courage.

On s'attendait à tout, au pire sans abandon et au meilleur
sans forfanterie. Chacun y mettait du sien, prêt à regarder
son voisin comme un frère ; un semblable avenir ne devait-
il pas être réservé à l'un et à l'autre ? L'ordre régnait par
lui-même, sans que personne eût à l'imposer, et si une constatation pittoresque m'est permise, pendant toute cette
période, il n'y eut pas de crimes, pas d'attaques noc-
turnes, pas d'agressions, pas de rixes. On pouvait en
toute sécurité rentrer chez soi tard la nuit sans appréhender
de mauvaises rencontres, même dans les quartiers les plus
mal famés : l'apache avait désarmé.

Le Parisien était satisfait de voir passer le général Galliéni se rendant au front ou en revenant dans une automo-

bile lancée à toute vitesse. Nous ne cessions de craindre pour lui l'accident. Il modéra de lui-même enfin ses élans dangereux. Comme il descendait un soir de voiture dans la petite cour du Quartier général, il dit à son chauffeur : « Vous êtes allé trop vite aujourd'hui ; nous avons failli écraser un militaire. »

Paris avait raison d'aimer Galliéni, qui avait été appelé *in extremis* à le défendre aux heures les plus périlleuses, sans qu'il ait pu préparer son organisation en temps utile. Investi de pouvoirs formidables, il n'en usait que pour le bien de la patrie. Il savait, lui, le danger qui nous menaçait. Comme, pour affaires de service, je me rendais à son cabinet le jour même où le Gouvernement s'en allait, il m'annonça avec simplicité : « A partir d'aujourd'hui, la vie humaine ne compte plus... Dans deux jours, nous entendrons le canon allemand. » Un des officiers de son état-major de dire alors : « Je ne fais pas partie du conseil de défense : je me permets de vous apprendre, mon général, que ma femme est restée à Paris. » — « Il faut qu'elle parte sur l'heure. » — « Elle n'a pas peur. » — « C'est possible ; il ne s'agit pas de sa volonté ; mais un officier ne doit avoir d'autre préoccupation que celle de son devoir. » — « La présence de ma femme ne n'empêchera pas d'accomplir tout mon devoir. » — « Soit », dit alors avec un bon sourire Galliéni, qui n'avait cessé de se tenir debout devant son grand bureau sur lequel jamais un papier ne traînait. Il avait une horreur instinctive des écrits et des paperasses inutiles ; tout son temps était consacré à la réflexion et, la réflexion terminée, à sa mise en œuvre. Il confiait à ses collaborateurs militaires ou civils la besogne qu'il jugeait inutile d'accomplir lui-même ; il demandait qu'on lui soumît les seules questions qui en valaient la peine ; il voulait qu'on lui rendît compte.

AU QUARTIER GÉNÉRAL.

Il avait auprès de lui non seulement ses officiers d'or-
donnance : Gruss, son gendre, attentif et consciencieux ;
Gheusi, alors directeur de l'Opéra-Comique, allant et très
en verve ; un chef d'état-major, le général Clergerie, qu'il
avait trouvé en fonctions, homme plein de finesse et de
sagacité : il avait adjoint à ce dernier le colonel Girodon,
qui, devenu général, fut tué en 1916, à Cléry-sur-Somme ;
cette mort est une très grande perte pour l'armée ; car
Girodon était un *as* : il avait de l'allant, trop hélas ! et de
l'imagination, cette imagination qui fut si rare et dont Galliéni donna tant de preuves historiques.

Il avait chargé l'actif Doumer, qu'il avait connu aux
colonies, de la direction de son cabinet civil. Un peu partout, à ce même cabinet, à l'état-major, dans les services
de la place, on rencontrait des hommes comme M. Dis-
lère, l'ancien président de section au Conseil d'Etat, auteur
d'un ouvrage remarquable sur l'état de siège, qui avait
spontanément offert ses services ; Joseph Reinach, qui
travaillait tout le jour avec ardeur ; Scherdlin, magistrat
éminent, aujourd'hui procureur général près la Cour d'appel de Paris, alors chargé des services de la justice militaire ;
Dariac, président actuel de la commission des Finances,
adjoint à l'Intendance ; Paul Boncour, au talent plein de
séduction, qui s'appliquait dans le même bureau que moi à
de délicates besognes. Jamais on ne parlait politique, jamais
on n'en faisait ; ce qui n'a point empêché qu'à Bordeaux on
conçut bientôt quelque inquiétude. Un coup d'Etat est si
vite accompli, surtout quand on dispose de la force armée ;
or, inopinément, le 10 septembre, nous vîmes arriver deux
ministres, Aristide Briand et Marcel Sembat — cet esprit

charmant, éteint aujourd'hui et qui, parmi les écrivains
français, prendra sa place auprès de Paul-Louis Courier.
Tous deux très intelligents, ils évitèrent de montrer qu'ils
venaient pour se rendre compte de ce qui se passait au Quartier général et dans la ville. Ils se plurent tellement parmi
nous qu'on crut un instant qu'ils entraient eux aussi dans
le complot. Ils furent priés par téléphone de revenir auprès
de leurs collègues bordelais sans s'attarder davantage.

LA JALOUSIE DE BORDEAUX.

Bordeaux prenait volontiers ombrage de Paris. Le 9 septembre, au cours des combats engagés sur les bords de
l'Ourcq, deux drapeaux avaient été enlevés à l'ennemi et
apportés à notre Quartier général. Galliéni avait remis la
médaille militaire au réserviste Guilmard qui avait conquis
de vive force l'un de ces drapeaux, décoré en 1870 de la
croix de fer. Un communiqué officiel avait relaté, sans litté-
rature, la remise de ces trophées de bon augure, lesquels
avaient réjoui les Parisiens, qui méritaient bien de pareils
réconforts. Et, le 10, Galliéni reçut de Bordeaux cette communication pour le moins imprévue : « Vous prie instamment de ne faire à la presse aucun communiqué qui ne vous
ait été téléphoné ou télégraphié d'ici ! »

C'est à la même époque que la tour Eiffel, avec ses radios,
fut, par décision spéciale, rattachée à Bordeaux ; que, de
là-bas, fut ordonné le trop prudent ralentissement des
approvisionnements administratifs dans le Camp retranché
de Paris.

Toutes ces choses paraissaient petites, très petites, infi-
niment petites, surtout au cours de si grands événements.
Toute la journée, au Quartier général, on guettait les nou-

velles ; les alternatives du combat étaient suivies avec une émotion contenue. Les mouvements de la cavalerie de von Marwitz nous donnèrent, grâce à mon cher ami le colonel Gardan, les premiers espoirs.

Il n'est pas de mots pour transcrire les sentiments que nous éprouvâmes lorsque ces espoirs se changèrent en certitude.

LA VICTOIRE.

Le plus beau des soirs de ma vie, je trouvai sur ma table deux documents dont l'un commençait par ces mots : « *la bataille qui se livre depuis cinq jours s'achève en une victoire incontestable* ».

La victoire ! ces huit lettres hallucinantes, on pouvait les lire, véridiques. Elles apportaient le salut, la revanche de nos armes, dont tant avaient désespéré ! On n'avait qu'une envie : le crier, ce mot, au travers de la ville, au travers du pays, au travers du monde. Joffre avait adressé l'ordre du jour qui commençait ainsi que j'ai rappelé, le 11 septembre, aux armées victorieuses. Galliéni l'avait reçu et le transmettait sans tarder aux armées de Paris avec ses félicitations personnelles, en raison de la participation capitale qu'elles avaient prise aux opérations : cet ordre du jour constituait le second document. En toute hâte, pressé de répandre la nouvelle, de remettre ces textes sacrés à la presse qui va venir chercher le communiqué, je téléphone à Bordeaux l'ordre du jour de Joffre et l'ordre du jour de Galliéni. Mon interlocuteur ne *réalise* pas tout de suite : il déclare qu'il n'est pas informé ; je lui riposte qu'il n'y a rien d'étonnant à ce que les nouvelles nous parviennent avant lui, puisque les armées de Paris sont plus rapprochées de la première ligne.

On m'interdit, oui, on m'interdit de publier quoi que ce soit, jusqu'à nouvel ordre. Et ce « nouvel ordre », malgré mes instances réitérées, on le fait attendre *trois jours*, trois longs jours, j'imagine jusqu'à ce qu'on ait pu vérifier la vérité de cette victoire à laquelle on ne croyait pas d'instinct. J'exagère, diront quelques-uns. Qu'ils ouvrent le *Temps* du *mardi* 15 septembre : ils y liront à la cinquième colonne, sous le titre. « Félicitations aux armées », ces quelques lignes significatives : « On publie l'ordre du jour suivant du général Joffre qui, d'après son texte, « la bataille qui se livre *depuis cinq jours* » *paraît remonter à vendredi.* »

Lorsque, enfin, on autorise la publication, je demande la permission d'annoncer la prise de Maubeuge, qui eût semblé moins sensible alors ; on trouva bon de me répondre : « Nous n'en sommes pas officiellement informés. » Et c'est parce que le bureau de la presse à Bordeaux ne fut pas informé officiellement de la prise de Maubeuge, que jamais elle ne fut annoncée dans les communiqués. La place de Maubeuge, officiellement, n'a donc jamais été prise !

CHAPITRE V

LES BESOINS DE L'ARMÉE

Pendant toute la durée de l'absence du Gouvernement,
les Chambres, dont les présidents s'étaient également rendus à Bordeaux, ne purent se réunir. Certains détracteurs
systématiques du régime parlementaire diront : tant mieux !
L'action du pouvoir exécutif s'est exercée dans sa plénitude ;
elle n'a été gênée en rien, ni par les travaux des commissions ni par les séances publiques ; ceux que l'on traite
volontiers d'incorrigibles bavards ont été réduits au silence
forcé ; ils n'ont donc pas prononcé de paroles dangereuses.
Tout devrait donc fonctionner au mieux. L'armement, en
particulier, va se trouver dans une situation favorable ;
personne n'a pu contrarier l'œuvre de l'administration
militaire.

Or, le 16 décembre 1914, la Commission du budget de
la Chambre, saisie du projet de douzièmes provisoires pour
le premier semestre de 1915, décide de procéder à l'examen
de l'état du matériel avant de rapporter les crédits et, le lendemain, elle entend les observations judicieuses de son
nouveau président Clémentel qui, pendant l'absence du Parlement, avait, après en avoir informé le Gouvernement, procédé à certaines investigations sur les besoins de l'armée.

Clémentel était, avec Cochery, un des deux membres de
la Commission du budget de la Chambre chargés de

vérifier sur pièces et sur place l'état du matériel et des
approvisionnements de la Guerre, en vertu des lois de
1876 et de 1906. C'était Gambetta qui avait pris l'initiative de ce contrôle permanent — que j'avais fait renforcer
trente ans plus tard — pour « assurer, avait-il dit, l'exécution du programme et voir de quelle façon les fonds que
nous mettons à votre disposition ont été utilisés pour le
bien de la patrie ». Or, Cochery vint hélas ! à mourir, le
8 août ; Clémentel se trouva donc seul qualifié pour accomplir cette tâche, encore plus importante, plus sacrée en
temps de guerre qu'en temps de paix. Et, dès le 17 décembre,
cinq jours avant la rentrée des Chambres, il fit à la Commission du budget un exposé sur l'état du matériel, au
cours de quatre séances consécutives.

LES FUSILS.

Il signala immédiatement la question urgente des fusils :
la Guerre avait prescrit la transformation du 74 en fusil
tirant la balle D. Il s'agissait de faire du neuf avec du
vieux : la Commission s'inquiète. On lui répond le 21 : « Le
fait que nous n'avons pas assez de fusils n'a aucun inconvénient pour la défense nationale. » Jacques-Louis Dumesnil
insiste justement sur le côté moral, sur le sentiment de
sécurité donné à l'homme par le fusil à répétition, sur l'effet déplorable qui serait déterminé par l'idée que nous
manquons de matériel. La Commission réclame la fabrication du fusil neuf. René Besnard rédige deux remar-
quables rapports ; il souligne bientôt la déception qu'a
produite dans l'armée l'emploi du 74 transformé.

La Commission du budget pouvait se féliciter, ici
comme ailleurs, de son action conduite malgré les bureaux.

En voulez-vous la preuve ? A la Commission de l'armée du Sénat, présidée par M. de Freycinet, dont l'expérience, — il avait appartenu au gouvernement de la Défense nationale en 1870-71, il avait été plusieurs fois président du Conseil et ministre de la Guerre, — dont l'autorité, la lucidité et le patriotisme restaient incomparables, dans un ordre du jour adopté, *à l'unanimité*, le 17 mai 1915, on affirme : « Depuis le mois d'août, nous avons perdu 850.000 fusils sur 2,800,000 que nous possédions au moment de la mobilisation. L'effectif de nos armées s'est accru de un million à deux millions et demi d'hommes. Au neuvième mois de la guerre, pas un seul fusil neuf n'a été fabriqué. » Et dans un autre ordre du jour, mémorable, adopté également *à l'unanimité*, le 2 juillet, on trouve cette constatation : « La crise sur ce point est si grave que, de l'aveu même du Gouvernement, nous n'aurons plus de fusils à répétition dans les dépôts au mois de septembre prochain et qu'il nous faudra envoyer les hommes au front avec des fusils à coup. » Cette déclaration peut être généralisée et la même unanimité sénatoriale généralise sous cette forme émouvante : « Si le contrôle parlementaire, tardivement appelé à fonctionner et qui a dû, pour revivre, briser tant de résistances, n'était intervenu depuis quelques mois, le pays, soumis au régime de la censure politique, se serait trouvé tout-à-coup *sans fusils, sans cartouches, sans canons, sans artillerie lourde, sans munitions utilisables.* »

LE CONTRÔLE PARLEMENTAIRE.

Quel poids prend à distance cette affirmation unanime ! Mais s'il est constaté, en 1915, dans ce document historique, que le contrôle parlementaire fut « tardivement appelé à fonctionner », il est conforme à la vérité de décla-rer que ce contrôle ne fut complètement organisé que neuf mois encore après. De nombreux incidents se produisaient. Par exemple, rien qu'en ce qui concerne la Commission du budget, dont le contrôle était pourtant prévu par les lois de 1876, de 1906, comme je le rappelais tout à l'heure, aussi par celle de 1914 : le 5 octobre, Raoul Péret — aujourd'hui président de la Chambre — André Hesse et Adrien Veber, chargés d'une mission dans les parcs d'artillerie, s'en virent refuser l'entrée. Le 13 janvier 1916, sur l'heureuse proposition de Varenne, une enquête, en plein hiver, sur la distribution des effets chauds est décidée et trois délégations de deux membres sont dési-gnées. L'administration de la Guerre restreint le droit de visite à une division par armée ; la commission refuse cette parodie de contrôle. Le Conseil des ministres est saisi ; il prétend que les lois de 1876 et de 1906 ne s'appliquent qu'en temps de paix. A l'unanimité, la Commission repousse cette interprétation surprenante. Je suis chargé, en même temps que Charles Dumont, qui était devenu avec moi l'un des deux contrôleurs prévus par la loi, de porter, si besoin est, la question à la tribune pour faire arbitrer le différend : il en est de même des lettres de mission, dont le texte est chicané mot par mot. Enfin, après une vraie bataille, com-mencée au début de janvier, satisfaction nous est donnée fin mars, soit après trois mois d'efforts presque quotidiens.

L'ACTION SUR PLACE.

En quoi consistait donc ce contrôle ?

Le rôle principal de la Commission du budget pendant la guerre était de mettre à la disposition du Gouvernement les ressources financières destinées à lui permettre de continuer la lutte : autorisation de dépenser, autorisation de créer des recettes, telles sont les deux grandes catégories de travaux auxquels elle devait se livrer.

Il serait extrêmement intéressant pour les techniciens de la science financière de les étudier en détail. Pour le public, beaucoup plus curieux, parce que beaucoup moins connu, est le rôle joué par la Commission comme organe de contrôle.

Cette sorte de contrôle qui s'exerce par l'examen préalable des demandes de crédits est dans l'ordre normal des choses. La Commission l'a effectué, n'a jamais refusé un crédit pour la Guerre, de même qu'avant 1914 elle avait été plus un moteur qu'un frein, en ce qui concerne les dépenses de matériel. Mais cette forme de son action est connue ; ce qui est totalement ignoré, c'est le contrôle exercé par la Commission sur les actes mêmes du Gouvernement et de l'administration pour tout ce qui pouvait intéresser, non pas certes la conduite des opérations, mais la conduite de la guerre, afin de donner en temps utile aux armées tout ce qui leur était nécessaire pour vaincre.

Ce qui est plus ignoré encore, c'est l'esprit dans lequel ce contrôle était exercé, esprit de patriotisme intense, stimulant les énergies gouvernementales et administratives.

Certes, les gouvernements qui se sont succédé au pouvoir, la plupart des ministres qui faisaient partie de ces gouvernements étaient animés de la plus ferme volonté de vaincre. Mais, exposés aux difficultés d'exécution, submergés par les affaires de leurs bureaux respectifs, ils n'avaient pas la même aptitude que la Commission du budget à saisir les lacunes de l'administration, ses défauts d'adaptation aux besoins des armées, ses erreurs d'inertie, plus encore ses fautes de routine. Routine d'autant plus à craindre que la guerre était plus changeante en ses aspects, plus variée dans ses moyens d'attaque et de défense.

Il serait trop long d'exposer ici dans ses détails l'action exercée par la Commission du budget ; mais que d'exemples typiques ! En particulier :

1° Ses interventions pour l'établissement de programmes de fabrication de matériel et l'intensification de ces fabrications, action poursuivie sans relâche de la fin de 1914 à l'armistice et ayant pour base l'examen des états décadaires fournis par l'administration de la Guerre et de la Marine ;

2° Ses interventions, au moment où le blocus sous-marin devenait particulièrement menaçant (fin 1916), pour que soient entreprises sans tarder toutes les fabrications devant nous permettre de nous passer des importations maritimes, en ce qui concerne les poudres, les explosifs et les matières premières de l'espèce ;

3° Ses interventions en 1917 pour l'adoption d'une politique plus énergique et plus prévoyante en ce qui concerne le ravitaillement, notamment par la mise en vigueur du rationnement, par la répression plus rigoureuse de l'espionnage, par une contribution plus large de l'impôt à l'alimentation des caisses du Trésor, en un mot par un appel plus vigoureux à la fermeté et à la volonté du pays, politique qui devait trouver son épanouissement dans l'action de Clemenceau, mais qui était en germe dans l'action de la Commission du budget de la Chambre depuis le début de la guerre ;

4° Ses interventions en faveur de tout ce qui pouvait maintenir le moral du soldat (effets chauds, service postal, permissions, vin, alimentation) ;

5° Ses interventions en ce qui concerne la main-d'œuvre dans les usines.

LA VRAIE CAUSE DE LA VIE CHÈRE.

Ah ! si l'on avait écouté la Commission, la crise de la
vie chère eût été conjurée, en tout cas, très atténuée ! Les
gros salaires ont déterminé l'exagération des prix à la consommation ; ils ont aussi paru légitimer les gros profits.
Les uns ont été la rançon des autres.

Dès le 18 décembre 1914, la Commission constate les
rappels abusifs à l'arrière ; le 5 juillet 1915, Renard, le
dévoué président du groupe radical-socialiste, signale que
la question du salaire des ouvriers dans les usines est très
grave. Je réclame un projet d'ensemble. Clémentel est
chargé d'écrire une lettre au président du Conseil et au
ministre de la Guerre. Il faudrait la lire en entier ; elle le
mérite. Ce bref extrait en donne l'excellent esprit :

« Un véritable plan de mobilisation générale doit être établi ; il faut le faire sans précipitation, mais sans perdre une
minute. Ce plan s'inspirera de l'obligation de rétablir l'égalité de tous les citoyens mobilisés et de leurs familles, qu'ils
soient aux armées ou à l'usine. Il s'inspirera du principe
que le mobilisé doit à la patrie son travail comme son sang.
L'État ne doit pas permettre à un patron de s'enrichir de
la guerre ni de développer son industrie, grâce aux commandes qu'il reçoit pour l'armée, alors que tant d'autres
se trouveront ruinés par le fait des hostilités. L'ouvrier
ne doit pas plus enrichir son patron que recevoir lui-même
un salaire supérieur à ses besoins et à ceux de sa famille.
En un mot, du patron jusqu'à l'ouvrier, personne ne peut
prétendre à des bénéfices détruisant l'égalité avec le camarade qui combat et constituant une véritable prime à l'éloi-
gnement du front. »

Albert Thomas, sous-secrétaire d'État de l'artillerie,

quelques semaines après, annonce le dépôt d'un projet.

En août, Monestier — une belle conscience parlementaire d'alors — rapporte qu'on paie des allocations aux femmes d'ouvriers ramenés du front. La Commission proteste énergiquement. Bedouce la saisit d'une note intéressante sur l'emploi des classes 17 et 18 dans les usines. Enfin, vers la fin d'octobre 1915, Lebrun, que la confiance justifiée de ses collègues vient récemment d'appeler à la présidence de la Commission de l'armée du Sénat, présente un texte élaboré en commun — fait caractéristique — par les délégués des Commissions compétentes des deux Chambres.

Le projet d'Albert Thomas ne fut jamais déposé. De cette carence, que la Commission fit tout pour empêcher, résultèrent les bénéfices excessifs de certains patrons, les salaires élevés dans les usines, la vie chère pour le consommateur !

Mais ce que le public ignore encore, c'est que dans ce rôle qu'elle a assumé, la Commission du budget n'est jamais intervenue dans les questions de personnes, ni dans celles ayant trait aux opérations militaires. S'il en avait été autrement, son action, cessant d'être précieuse, eût été funeste. Elle sut se garder de tout excès ; nous le montrerons clairement lorsque nous établirons ce qu'elle fit pour les fabrications de guerre, lorsqu'en rappelant quelques incidents importants, nous retracerons son action au front, où elle étudia les capitales questions de matériel.

CHAPITRE VI

L'ACTION AU FRONT ET L'ACTION A L'ARRIÈRE

Ai-je réussi à montrer combien décisive fut l'action sur place des Commissions parlementaires, chargées de suivre les questions intéressant la Défense nationale? J'espère que oui : mais il faudrait publier un volume entier contenant les documents eux-mêmes, la correspondance, les délibérations, les ordres du jour. On y relaterait, en ce qui concerne la Commission du budget, — et je ne parle ici que d'elle, puisque je n'ai pas été le témoin direct des travaux accomplis par les autres, — ses efforts — j'ai déjà parlé du fusil — pour résoudre la crise du 75 et faire triompher cette idée élémentaire qu'on devait mettre automatiquement en commande un nombre de tubes proportionné au nombre d'obus fabriqués, ses efforts pour intensifier la fabrication des mitrailleuses, pour mettre en train celle du fusil mitrailleur, puis, plus tard, celle du matériel d'artillerie de 155 L Fillioux sur lequel je reviendrai, ses efforts pour remédier au retard apporté à l'établissement d'un programme d'artillerie lourde, lequel ne sort qu'en juin 1916, alors qu'en février de la même année, la dure leçon de Verdun nous a révélé notre infériorité manifeste sur ce point, ses efforts pour obtenir un programme d'engins de tranchée, ses efforts pour que la fabrication des munitions de toute sorte soit en raison directe des besoins de plus en plus formidables des armées et ce, malgré la crise de l'acier, — c'est certainement grâce à la Commission que les projectiles d'artillerie lourde en fonte aciérée purent suppléer au déficit des projectiles en acier et alimenter en particulier les batteries de la défense de Verdun, — ses efforts pour donner aux fabrications de l'aviation leur indispensable développement, ses efforts pour faire décider la fabrication des premiers tanks, des derniers obus de 75 à profil rectifié qui permirent d'augmenter considérablement la portée de notre matériel de campagne, ses efforts pour conjurer la crise des affûts — on avait lié les fabrications tube et frein ; on n'avait pas songé aux affûts.

Je voudrais nommer ici tous les collègues qui, avec tant de perspicacité et de volonté, furent, sans distinction de parti, les bons serviteurs de l'armée : Clémentel, Raoul Péret, André Lefèvre, Charles Dumont, Lebrun, Renard, Dariac, Bénazet, Aubriot, René Besnard, Raiberti, Paul Morel, Jacques-Louis Dumesnil, de Kerguézec, Baudry d'Asson, Marin, Denais, Noulens, Damour, Daniel-Vincent, Groussier, Henry-Simon, Bedouce, Long, Noël, Bienaimé, Piou, Ajam, Brousse, André Hesse, Varenne, Compère-Morel, Monestier, Denys Cochin, Abel, Siegfred, Vaillant et combien d'autres que je m'excuse de ne pas citer. Il faudrait reprendre la liste de tous ceux qui firent partie de la sous-commission des armements — comprenant des représentants des commissions de l'Armée et du Budget de la Chambre ou de l'intercommission des armements — car Sénat et Chambre se rapprochaient en des conversations périodiques, sous la présidence fréquente de Doumer, afin de donner de l'unité et de la force à leurs résolutions.

DENYS COCHIN ET VAILLANT.

A l'une des réunions de la sous-commission des armements, je me rappelle un incident bien curieux : on y expose que, les Allemands usant de gaz asphyxiants, pour ne pas être en état d'infériorité, l'armée française sera également pourvue d'engins analogues ; un de nos collègues s'émeut à l'idée de suivre un pareil exemple ; un autre de demander avec passion : « Est-ce que c'est bon ? » et d'ajouter : « Si c'est bon, il faut en faire. » Celui de nos collègues qui montrait cette belle ardeur, c'était Vaillant, le regretté Vaillant, socialiste révolutionnaire qui, blanquiste convaincu, considérait toujours au premier plan les intérêts de la patrie. L'autre qui hésitait, c'était Denys Cochin, dont nous déplorons également la perte, mais à qui son cœur de chrétien sincère infligeait une douloureuse crise de conscience. Ces deux attitudes — inattendues *à priori*, mais logiques à la réflexion — honorent l'un et l'autre.

LE 155 L. FILLIOUX.

Pour mieux indiquer qu'elle recommandait instamment telle ou telle catégorie de fabrication, la commission allait même jusqu'à inscrire des crédits *d'office*.

Parfois, comme pour le 155 L. Fillioux, alors que l'administration, effrayée en quelque sorte de la tâche à entreprendre ou de la dépense à faire, craignant que la guerre ne fût terminée avant que les fabrications commençassent à rendre, hésitait à mettre le matériel en commande, la commission du Budget intervenait justement par l'inscription d'office d'un crédit, forçant ainsi la main et marquant sa volonté de ne voir négliger aucune chance d'accroître utilement la puissance de combat de nos troupes.

N'est-ce pas dans un rapport de Raiberti — aujourd'hui Ministre de la Marine — sur les crédits de l'artillerie pour le troisième trimestre 1916 que l'on peut lire :

« Le Conseil supérieur de la Défense nationale a accepté cette proposition, et 150 matériels de 14.5 ont été mis en commande, mais il faut regretter qu'on n'ait pu donner suite au projet de commande du 155 L. Fillioux qui représente le type le plus parfait de la pièce d'artillerie lourde en ce moment. En même temps que l'établissement de Ruelle construira les 14, l'administration de la guerre devra poursuivre par tous les moyens possibles la réalisation du 155 L. Fillioux. Votre Commission l'y invite formellement, et, pour donner à cette invitation un caractère impératif, tout en accordant le crédit de 1 million demandé pour la fabrication du matériel de 14, décidée postérieurement au dépôt du projet de budget, elle maintient le crédit de 2 millions primitivement demandé pour commencer la fabrication du matériel Fillioux. »

Il fallait d'ailleurs, plus particulièrement ici, vaincre l'inertie de l'administration ; car, au trimestre suivant, la Commission ajoutait encore d'office, dans les prévisions du Gouvernement, un crédit de 2 millions pour la même fabrication « regrettant profondément qu'elle n'ait pas été entreprise plus tôt, et affirmant sa volonté de la voir intensifier par tous les moyens possibles. »

Et seuls ceux qui savent quels services précieux le 155 L. Fillioux a rendus, notamment comme canon de poursuite, dans ces journées de septembre et d'octobre 1918 où nos armées avaient enfin la joie de voir fuir l'ennemi sous leurs coups, peuvent apprécier à sa juste valeur le service rendu en 1916 par la Commission du Budget à la défense nationale en contraignant l'administration militaire à fabriquer le matériel Fillioux.

L'ACTION AU FRONT.

Pour compléter l'action sur place, les délégués de la Commission du Budget et en particulier son président se sont rendus à plusieurs reprises auprès des armées en opérations, principalement pour y étudier les grandes questions du matériel.

Ces missions inconnues du public sont un des éléments les plus intéressants de l'action de la Commission.

Ce qu'il faut noter tout particulièrement, c'est que les combattants, les officiers du front, après avoir marqué parfois un moment d'hésitation à l'arrivée des délégués du Parlement, ne tardaient pas, en se rendant compte de l'esprit qui les animait et du but qu'ils poursuivaient, à se trouver en pleine confiance. Tous, du lieutenant au général, voyant que le but poursuivi était de les aider, de connaître leurs besoins, de hâter les fabrications de matériel dont l'absence les gênait parfois cruellement, s'empressaient d'exposer leurs desiderata et de fournir une documentation précieuse.

Il est aisé de comprendre combien utile pouvait être l'action des délégués. Sans doute les besoins des armées étaient connus, évalués par les généraux en chef, et portés par eux à la connaissance des organes de l'intérieur chargés de les satisfaire. Mais en fait et par la force des choses, deux administrations se trouvaient réellement en présence, celle du front, celle de l'intérieur, trop souvent sans liaison, sans contact.

Chacune de ces administrations était lente, lourde à

manier, en raison des quantités d'hommes et de matériel que chacune avait à mettre en œuvre.

Qui ne voit le rôle que pouvaient jouer les délégués de la Commission du budget, habitués à aller dans tous les corps et dans tous les services, sous la seule réserve de ne pas gêner les opérations militaires, et venant ensuite porter à la connaissance du Gouvernement et des organes de l'intérieur le résultat de leurs investigations, stimulant les bureaux, les pressant afin que satisfaction soit donnée sans délai aux besoins essentiels des armées ?

Il faut d'ailleurs ajouter que ce contrôle parlementaire s'élevait, du fait même de la qualité de ceux qui l'exerçaient, à un niveau auquel personne autre n'eût pu le porter. Au-dessus des questions de matériel, même prises dans leur ensemble le plus général, c'était la situation des armées, leur moral, sur lesquels les délégués au contrôle se renseignaient, se documentaient et rapportaient au Parlement, au Gouvernement, des éléments d'appréciation d'une valeur considérable.

Les rapports qu'ils ont rédigés ont, depuis la guerre, paru au *Journal officiel*. Qui donc les a lus ?

NOBLE LANGAGE DE PÉTAIN.

Ce qu'on n'y trouverait pourtant pas, ce sont les paroles mêmes des grands chefs qui nous accueillaient avec une si entière confiance. Je me souviendrai surtout de l'entretien bref, impressionnant, avec le général Pétain, le 24 avril 1916, à son Quartier général de Souilly, près Verdun. Alors que la deuxième armée supportait tout le choc de l'offensive allemande, le général Pétain dit à Charles Dumont et à moi avec cette force persuasive qui l'anime :

« J'ai une tâche très pesante : nous sommes nettement inférieurs à l'ennemi en ce qui concerne l'artillerie lourde. Dans ces conditions, prendre l'offensive est tout à fait difficile et conduirait probablement à un échec. Quiconque affirmera le contraire se trompera, même si c'est le plus grand chef militaire. Vous pourriez lui dire qu'il n'y connaît rien.

« Je suis de ceux qui ont le plus combattu depuis le début de la guerre, j'ai créé des méthodes d'attaque ; je peux donc parler en connaissance de cause ; tant que nous n'aurons pas la supériorité en artillerie, nous attaquerons, mais nous « prendrons des tapes. »

A notre retour à Paris, Charles Dumont et moi demandions à voir d'urgence le ministre de la Guerre, le général Roques.

CELUI DE ROQUES.

Au cours de notre entretien avec le ministre de la Guerre, le 28 avril, alors que, nous inspirant des vigoureuses paroles de Pétain, nous lui faisions remarquer qu'il pourrait être dangereux de prendre une offensive avant d'avoir le matériel nécessaire d'artillerie lourde à tir rapide, court et long, avec ses munitions, le général Roques nous a demandé si la situation financière devrait précipiter l'offensive.

J'ai répondu avec vivacité en demandant au ministre de me donner acte des paroles que je prononçais ès-qualité :

« Je ne sais pas si antérieurement on a pris une offensive pour des raisons d'ordre politique : mais, prendre une offensive pour des raisons d'ordre financier serait plus qu'une faute. Je le dis nettement, une offensive financière serait criminelle. Seules, des considérations d'ordre militaire doivent être déterminantes. »

C'est en ces termes que je rendis compte à la Commission du Budget, ainsi que le constatent nos procès-verbaux. M. Louis Marin, l'ancien rapporteur général, toujours ardent, voulut bien dire : « Il y a lieu de signaler que la Commission approuve à l'unanimité la déclaration de son président », qui fut chargé, d'ailleurs, de remettre un extrait du procès-verbal à qui de droit, au chef de l'Etat, au chef du Gouvernement, aux ministres de la Guerre et des Finances.

ET CELUI DE FRANCHET D'ESPEREY.

Un autre jour, après les malheureuses offensives Nivelle d'avril et de mai 1917, Charles Dumont et moi, toujours investis des pouvoirs de contrôle que nous donnait la loi, et accompagnés d'un contrôleur de l'armée, Guinand, qui a été un des meilleurs serviteurs de la nation aux armées, nous procédions à des investigations qui nous amènent à cette constatation (Voir le *Journal officiel* du 10 décembre 1919) :

« Il ne nous appartient pas de juger les opérations conçues avant le repli Hindenburg qui ont été tentées, en profondeur insolite, sur le terrain le plus difficile, par un temps défavorable, après écriture sur le sol des préparations, avec une artillerie insuffisante, sans la maîtrise de l'air. »

Nous nous étions rendus le 6 mai à Merval pour voir le général Maistre, — dont la mort récente est une perte sensible pour le pays, — qui commandait la 6ᵉ armée.

Nous attendions devant la porte de la petite maison où il travaillait, sur une place encombrée de voitures, de cavaliers, et allions être reçus, lorsqu'une automobile ornée d'un fanion tricolore arrive, conduisant le général Franchet d'Esperey, à qui se trouvait confié le commandement du Groupe d'armées.

Je m'approche, me fis reconnaître, présente Charles Dumont, indique brièvement les raisons de notre présence et m'efface devant Franchet d'Esperey pour qu'il puisse pénétrer en premier chez le général Maistre, lorsque, publiquement, il nous dit, alors que nous ne lui demandions rien : « Ah ! moi, je suis le syndic de la faillite. »

D'autres chefs avaient d'autres sentiments ; nous le montrerons plus tard, tout spécialement encore à propos de Pétain et aussi de Gouraud.

CHAPITRE VII

LA COMMISSION DU BUDGET

Si le contrôle accompli par la Commission du Budget fut souverainement utile, dans les autres domaines, le financier, l'économique, qui sont plus spécialement les siens, qu'a-t-elle donc fait ?

Nous étions quelques-uns à penser et à annoncer que la guerre serait longue ; aussi réclamions-nous une politique fiscale appropriée à cette éventualité. Déjà le rapporteur général de 1915, notre si regretté collègue Métin, peut-il, le 18 juin, conclure son exposé sur les douzièmes provisoires du troisième trimestre en écrivant : « L'Angleterre, l'Allemagne ont fait des efforts. La France, au contraire, quant aux voies et moyens, n'a rien fait et j'en ai exprimé mes regrets au ministre des Finances. Il faut lui demander quel est son plan financier. » « Nous vivrons comme nous pourrons, » répond, le 22 juillet, M. Ribot, qui, le mois suivant, intervertissant trop habilement les rôles, se retourne vers la Commission et lui demande son programme au lieu d'apporter celui du Gouvernement. Clementel et Métin ne sont pas embarrassés par cette procédure inaccoutumée et n'hésitent pas à donner des précisions que je ne puis reproduire intégralement ici.

RÉDUCTION DES DÉPENSES.

Mais rien qu'en ce qui concerne la réduction des dépenses à l'intérieur du pays, au nom de leurs collègues, ils apportent, le 13 août, d'importantes directives que, malheureusement, le Gouvernement ne fit pas siennes. Qu'on en juge aujourd'hui impartialement :

« 1° Pour le passé, revision de tous les contrats, en vue de la réduction des bénéfices exagérés, par une Commission que nous demandons de constituer dans le plus bref délai, et qui à notre sens, devrait être composée d'inspecteurs des finances et de membres de la Cour des comptes, munis des pouvoirs d'enquête les plus étendus. Les travaux de cette Commission seront communiqués aux sous-commissions de la Commission du Budget, qui s'occupent dès maintenant de l'examen des marchés.

2° Pour l'avenir, limitation des bénéfices de tous les titulaires de marchés de l'Etat ;

3° Limitation des salaires de tous les ouvriers travaillant pour les fournitures de l'Etat ;

4° Suppression progressive de tous les intermédiaires entre l'Etat et les fabricants et transfert de leurs marchés aux véritables producteurs ;

5° Interdiction absolue, sauf autorisation spéciale préalable, des sous-traités ; groupement des petites commandes, soit par les soins des services compétents, soit par les soins des organes corporatifs existants ;

6° Meilleure utilisation des matières premières et du personnel dans les établissements de l'Etat et dans l'industrie privée ;

7° Réduction des dépenses d'administration, aussi bien des départements et des communes que de l'Etat ;

8° Généralisation de la réquisition des denrées, toutes les fois qu'elle sera plus avantageuse que les marchés de gré à gré, avec réglementation du fonctionnement des commissions de ravitaillement qui devront se tenir dans les limites des prix maxima et minima fixés périodiquement par le ministre ;

9° Réquisition des usines et des industries et exploitation en régie directe ou en régie intéressée, toutes les fois qu'il peut en résulter une réduction de dépenses. »

En matière d'emprunt, quelles vues prévalaient rue de Rivoli ? Le 10 novembre 1915, le ministre déclare : « Nous devons attirer les souscripteurs ; la politique la meilleure me paraît être de faire largement les choses. » Au lendemain de la Marne, au surplus, le souscripteur ne pouvait-il pas être sollicité sans que M. Ribot, qui attendit toute une année, ait eu besoin de faire si « largement » les choses ? Cette même largesse, on la retrouve chez lui, lorsque le Crédit Foncier vient, au début de 1917, solliciter une autorisation d'emprunt. C'est M. Ribot qui *l'oblige* à recourir au taux effectif de 6 %, taux que l'on eut tant de peine à réduire après lui.

Faisait-il mieux dans l'ordre fiscal ? A la fin de mars 1916, nous pouvons dire : « Depuis vingt mois, on n'a rien demandé au pays ; on se contente d'ajourner les difficultés. » Et c'est sur l'initiative acharnée de la Commission du Budget que, près de trente mois après le début de la guerre, la Chambre s'associe à notre doctrine formulée avec force par Raoul Péret, qui fut un éminent rapporteur général : « Une idée doit nous préoccuper : la nécessité d'avoir des ressources permanentes pour le service des emprunts. »

LE PÈRE DES BONS DE LA DÉFENSE.

Une seule idée heureuse à noter, très heureuse pour le Trésor, pendant toute cette longue période, celle de ce brave Alfred Neymarck, aujourd'hui disparu, l'inventeur des bons de la Défense nationale. Encore faut-il que leur mise en œuvre contienne une singulière anomalie, corrigée beaucoup plus tard : on servait le même intérêt aux bons à six mois et aux bons à un an !

M. Ribot eut néamoins le bénéfice de l'invention, tout comme Améric Vespuce ; mais Neymarck avait été le Christophe Colomb. M. Ribot signa l'œuvre qu'il n'avait pas écrite. Peut-être en avait-il l'habitude ; car nous ne fûmes pas médiocrement étonnés lorsqu'un jour nous l'entendîmes, à la Commission du Budget, répondre à l'un d'entre nous qui lui reprochait d'avoir écrit certaine lettre : « Ah ! non, cette lettre, je ne l'ai pas écrite ; je l'ai signée. »

Qui donc, parodiant Blaise Pascal, l'avait surnommé « un roseau parlant? » N'est-ce pas M. de Freycinet ?

En résumé, aucun effort gouvernemental pour la réduction des dépenses à l'intérieur, aucun effort gouvernemental vers l'impôt, aucun effort gouvernemental pour maintenir un taux raisonnable du loyer de l'argent, telles sont les caractéristiques négatives de la politique financière des deux premières années de la guerre ; serait-il injuste de dire que cette politique n'a pas été sans conséquences sur les années qui ont suivi?

LE RÉGIME DES RESTRICTIONS.

La Commission, elle, continuait à faire preuve de clairvoyance. Elle demande, le 25 juillet 1916, s'il ne conviendrait pas de prendre des mesures « pour empêcher l'importation de certaines marchandises qui ne paraissent pas actuellement indispensables ; pour réduire l'usage des produits que nous sommes obligés de demander à l'étranger ; pour augmenter, chez nous, les productions du sol national et celles de l'industrie ; pour diminuer les surcharges qui pèsent sur nos finances par l'accroissement du fret et du change dont le prix s'élève chaque jour, du fait des commandes privées, comme de celles de l'Etat ; pour solder dans les meilleures conditions nos achats à l'étranger. »

C'est encore sur l'initiative de la Commission du Budget en 1915 que l'utilisation des forces hydrauliques de la France fut enfin poursuivie au cours de l'année 1917 et réalisée en 1919. Cette question vitale avait retenu notre attention dès que la France avait commencé d'éprouver des difficultés pour son ravitaillement en charbon, par suite des crises du fret et des transports.

Le principal motif du faible développement de la houille blanche était l'incertitude du régime des entreprises. Il y fut remédié grâce aux efforts rapides d'une Commission extra parlementaire dont M. Ribot voulut bien, le 11 mai 1917, me confier la présidence. En dix-huit séances, du 23 mai au 20 juillet 1917, un projet était mis sur pied, ménageant tous les intérêts, conciliant les départements ministériels alors en rivalité — Agriculture et Travaux publics — et ralliant la quasi-unanimité des membres de la Commission. Ce projet est devenu la loi du 16 octobre 1919, après des modifications qui n'ont pas altéré les caractéristiques essentielles des travaux préparatoires. Ainsi, en moins de deux mois, des hommes de volonté avaient pu s'accorder pour une tâche essentielle, et j'invoquerais aussi bien le témoignage de Bédouce, mon ancien collègue socialiste, que celui d'Henry Berthélemy, l'éminent doyen actuel de la Faculté de droit de Paris.

Serait-il vrai de dire qu'à la Commission du Budget, absorbée par tant de besogne, on ne faisait jamais de politique ? Personne ne le croirait. Mais était-ce faire de la politique que de s'insurger contre le fameux projet des décrets-lois qu'Aristide Briand avait eu l'étrange idée de présenter le 14 décembre 1916, et de vouloir faire voter d'extrême urgence le lendemain, Je reçus le mandat, qui me fut confié à l'unanimité, de combattre à la tribune — ce que je fis — une telle mesure qui constituait la négation même des droits du pays, particulièrement en matière financière, les élus du Parlement ayant seuls le droit de consentir l'impôt. Jamais législation semblable n'avait été proposée, même en 1851. Le projet échoua lamentablement.

LA LUTTE CONTRE L'ESPIONNAGE.

Etait-ce faire de la politique que de se préoccuper, en mars 1916, de la bonne exécution des services de Sûreté nationale et de poser au président du Conseil une question pour savoir — « après des explications, sur certains points incomplètes et graves sur d'autres, du ministre de l'Intérieur de l'époque » — si Aristide Briand répondait de la bonne exécution de ce service, d'une importance capitale, pour lequel la Commission votait les augmentations de crédits afférents aux dépenses secrètes ?

On avait eu raison de les augmenter, ces crédits indispensables trop parcimonieusement accordés avant la guerre. Jamais un Gouvernement n'eût dû accepter une réduction à leur sujet. Nous n'étions pas à égalité de jeu, ni de force avec l'ennemi d'hier. Il dépensait à tour de bras pour ses services d'espionnage en France ; et nous, quels piètres moyens pouvions-nous employer !

Ainsi, je me rappelle, en 1913, la visite que me fit, lorsque je dirigeais le ministère de l'Intérieur, un préfet placé à la tête d'un département frontière. Il m'avait demandé un rendez-vous spécial ; il vint me dire : « Les Allemands dépensent un argent considérable dans mon département ; pour que je sois renseigné sur leurs agissements, la Sûreté générale me donne une somme insuffisante que je vous demande d'augmenter. » — « Combien avez-vous par mois ? » dis-je à mon tour. — « Cent cinquante francs. » — « Combien voulez-vous ? » Et alors que je m'attendais à un gros sacrifice nécessaire, j'entendis le préfet me répondre timidement : « Le double ! »

Pauvre homme ! Pauvre service !

Et c'était moins d'un an avant la guerre préméditée par l'Allemagne, c'était quelques semaines après les atterrissages en avril d'un dirigeable militaire allemand à Lunéville, d'un aéroplane militaire allemand à Arracourt et des incidents de la gare de Nancy.

A-t-on perdu le souvenir de toutes ces opérations où l'Allemagne tentait des épreuves sur le sang-froid, la dignité et la fermeté de la France ? Le ministère Barthou sut avoir l'attitude qui convenait : mais quel malaise j'éprouve encore lorsque je me rappelle l'incident suivant !

LE SOUS-PRÉFET DE LUNÉVILLE.

Un dirigeable allemand ayant atterri sur le Champ-de-Mars de Lunéville, le 3 avril 1913, à deux heures de l'après-midi, les ministres compétents s'étaient réunis sous la présidence de Barthou, au ministère de l'Instruction publique, pour déterminer la voie qui devait être suivie. L'incident était sans précédent. Fallait-il lui donner un caractère administratif, judiciaire, militaire, technique ou diplomatique ? Notre délibération ayant été suspendue par la recherche d'un document au ministère des Travaux publics, je fis demander vers les 7 heures du soir, au téléphone, le préfet de Meurthe-et-Moselle, par les soins du meilleur des directeurs de la Sûreté que j'aie connus, le regretté Pujalet. Ce dernier l'interrogea pour savoir ce qui se passait ; le préfet était peu au courant et ne s'inquiétait que d'une chose : la délibération des Ministres allait-elle bientôt prendre fin ? Il voulait le savoir à cause de son dîner, la salle à manger étant, disait-il, assez distante de son cabinet. Je résolus immédiatement de faire quitter à ce singulier préfet — placé à Nancy, en première ligne — l'administration préfectorale et je recherchai directement des renseignements auprès du sous-préfet de Lunéville qui, avec une correction parfaite, me les donna et remplit son devoir à merveille. Je décidai de nommer préfet ce bon fonctionnaire dans le même mouvement où le préfet de Meurthe-et-Moselle serait remplacé. J'informai aussitôt de mon intention M. Barthou qui se déclara d'accord avec moi.

A un Conseil qui suivit, j'avais pris la parole pour exposer les modalités du mouvement préfectoral, lorsque la porte s'ouvrit : un officier de la Maison militaire venait prévenir le Président de la République qu'on appelait au téléphone Pichon — qui détenait alors le portefeuille des Affaires étrangères avec une grande sagacité — pour une communication de son cabinet. J'interrompis la mienne jusqu'au retour de Pichon, dont la présence m'était indispensable. Quand il revint, il annonça aussitôt : « Il paraît que l'Ambassade d'Allemagne fait connaître que son Gouvernement apprendrait avec déplaisir la promotion du sous-préfet de Lunéville. » Sans dire un mot, je tendis aussitôt au Président de la République le décret qui appelait M. Lacombe à une préfecture ; sans dire un mot, M. Poincaré y apposa aussitôt sa signature.

Mais comme ces gens étaient bien renseignés ! Quelle audace était la leur ! C'était là une nouvelle épreuve dynamométrique dont nous nous tirâmes à notre avantage. Pendant qu'ils disposaient de si redoutables moyens d'action, nous avions, nous, une Sûreté générale incapable non seulement de rivaliser avec eux, mais de se défendre ; trop souvent, elle n'a été qu'une façade, principalement par manque de ressources. Il y faudra remédier.

CHAPITRE VIII

CONSTITUTION DES MINISTÈRES
PAINLEVÉ ET CLEMENCEAU

Le Cabinet Ribot n'avait franchi qu'à grand'peine le cap
de l'été ; pendant les mois de juin et juillet 1917, nous
nous étions efforcés de le tenir à bras tendus: il manquait
de disparaître sur de minuscules incidents. La démission de
Malvy, à la fin du mois d'août, offrit au chef du Gouvernement une occasion qui lui sembla heureuse de redonner
du corps et de la vie à son Ministère.

UN MINISTÈRE DE LA RECONSTITUTION NATIONALE.

Il fit appel à de nouveaux concours : j'avais cru devoir,
parce qu'insuffisamment préparé, refuser le portefeuille
des Travaux publics, lorsqu'il avait, en mars, constitué son
cabinet : il me fut impossible en cette nouvelle occurrence
de m'abstenir ; car M. Ribot me demandait de prendre en
mains la Reconstitution nationale et créait un nouveau
ministère chargé de cette formidable besogne, devant
laquelle un représentant au Parlement des régions envahies ne pouvait se dérober. Je lui promis mon concours,
sous cette condition qu'une sorte de conseil économique,
composé des ministres compétents, serait constitué sous ma

présidence. A la reconstitution nationale devaient étroitement collaborer les ministres du Commerce, de l'Agriculture, des Travaux publics, des Finances, de l'Intérieur, des Colonies, du Travail: à quelles déceptions eussent conduit les efforts d'un ministre de la Reconstitution nationale, privé de tous services administratifs constitués, s'il n'avait pris la préalable précaution de faire tomber les cloisons étanches, d'établir l'unité de vues, de décision, pour déterminer l'action. Les résolutions prises par ce Conseil devenaient exécutoires et chacun de ses membres devait assurer la réalisation des mesures élaborées et adoptées en commun. Ce système ne fut jamais mis en application, parce que, quelques heures après qu'il fut conçu, le second Cabinet Ribot s'effondra sur le soir sous les coups vigoureux d'un de ses membres, Albert Thomas, qui prétexta diverses raisons politiques pour se retirer, à la dernière minute, suivi avec empressement par Painlevé, ministre de la Guerre.

M. Ribot put ainsi contrôler cette vérité politique que seul un Cabinet fort peut être remanié sans danger.

LE CHAPELET D'ALBERT THOMAS.

Le soin de constituer le nouveau Ministère fut naturellement confié à Painlevé qui, aussitôt, demanda à son chef d'hier de rester aux Affaires étrangères. Au surplus, il tenait à conserver la Guerre où, à cause de la flamme patriotique qui l'animait, il avait conquis la confiance de beaucoup, tant au Sénat qu'à la Chambre. Albert Thomas voulait tout justement l'un de ces deux portefeuilles. Il avait certes promis son concours à Painlevé, qui recrutait avec soin ses collaborateurs et n'avançait qu'assez lentement dans ses démarches. Or, au moment où la naissance du Cabinet semblait probable, une scène épique se déroula dans un des bureaux du ministère de la Guerre où étaient réunis les principaux collaborateurs de Painlevé.

J'ai assisté à beaucoup de scènes analogues ; j'en ai vu d'amusantes, de pittoresques, de médiocres ; je n'ai rien retenu d'aussi extraordinaire, d'aussi troublant. Au moment de l'attribution des portefeuilles, Albert Thomas, qui s'était tenu en contact permanent avec le groupe socialiste, avançant une forte mâchoire, fit connaître ses prétentions. Il lui fallait présider à nos relations extérieures, sinon il se retirait, entraînant dans sa retraite Alexandre Varenne, qui devait devenir ministre de l'Instruction publique, et il reprenait sa liberté politique ainsi que celle de ses amis. Pendant qu'il parlait avec des mouvements fébriles, le visage congestionné, la chevelure agitée, il avait sorti, on ne sait d'où, un chapelet, oui, un chapelet oriental, dont les grains étaient formés de petites pierres, chapelet qu'il égrenait sans cesse, comme s'il eût accompagné chaque geste d'un *Pater* ou d'un *Ave*. Il produisait l'effet d'un moujik devant le Kremlin. Il faisait un bruit prodigieux et, au cours de cette scène étrange et déplaisante, parlait seul comme un illuminé. L'impression qui domina chez les spectateurs fut qu'Albert Thomas était doué d'un formidable appétit — ce que du reste l'avenir ne démentit point. Etait-ce d'avoir parlé en français à des révolutionnaires russes, d'avoir été embrassé par des popes qui ne le comprenaient point, d'avoir été grisé par les flatteries de quelques gros patrons, qui lui donnait cette frénésie ? Quoi qu'il en fût, le Kremlin, plus exactement l'enceinte murée du Quai d'Orsay, ne s'ouvrit point : Painlevé — qu'on dit à tort indécis — ne céda pas, constitua son Cabinet quand même, passant outre à la défection des socialistes dont il était politiquement si rapproché. Avec Albert Thomas disparut Alexandre Varenne qui regardait avec tristesse cet effondrement, non par simple ambition personnelle — ce qui eût pourtant été légitime — mais parce qu'ayant plus d'intelligence que son collègue, il sentait qu'une faute était commise en pleine guerre contre l'union nationale et que le parti socialiste allait à nouveau se retrouver, par sa seule intransigeance, dans son superbe isolement.

ON DÉBARQUE M. RIBOT.

Le Cabinet Painlevé n'eut qu'une existence éphémère de deux mois au cours de laquelle, après cinq semaines, M. Ribot fut, un beau soir, démissionnaire sans le vouloir. D'assez fâcheux incidents à la Chambre, en particulier avec Aristide Briand, avaient rendu sa position intenable. Il ne le comprit pas ou feignit de ne s'en point douter ; et comme il ne se déterminait pas à offrir sa démission au cours d'une sorte de Conseil de Cabinet tenu dans la soirée au ministère de la Guerre, il fut décidé que le Cabinet tout entier s'en irait. On rédigea donc une lettre de démission que signèrent tous les ministres présents ; certains d'entre eux s'engagèrent même pour les absents ; une dernière signature manquait au bas du document, celle justement de M. Ribot ; assez tard, il finit par s'asseoir dans un fauteuil devant la table où s'étalait la lettre fatale et lentement mit son paraphe en disant : « Il est bien entendu que nous sommes tous démissionnaires. » — « Mais oui, mais oui, » clama-t-on avec force. Et le papier portant les signatures s'envola vers l'Élysée. M. Ribot rentra mélancoliquement chez lui. Cependant à l'Elysée, on priait Painlevé — qui n'avait pas été mis en minorité devant le Parlement — de constituer un nouveau Cabinet. Il accepta dans la nuit même, reprit ses anciens collaborateurs, sauf un, et pourvut à la désignation d'un nouveau ministre des Affaires étrangères. Barthou, alors ministre d'Etat, accepta sans déplaisir la succession de M. Ribot.

CLEMENCEAU APPARAÎT.

Lorsque un mois après, Painlevé disparut un sombre après-midi, sous une chiquenaude de Marcel Sembat, il apparut que Clemenceau était l'homme indispensable. On aurait surpris beaucoup d'hommes avertis de la politique si, quelques mois avant, au soir de l'interpellation au Sénat de Clemenceau sur Malvy, on eût affirmé qu'il se rapprochait du pouvoir; mais si grande est la force de l'action à de certaines époques que l'insuccès passager prépare les éclatantes revanches d'un prochain avenir! Comment se fait-il que le nom de Clemenceau fut, au cours des consultations du chef de l'Etat, prononcé par le plus grand nombre, même par ceux dont il n'était point l'ami? C'est parce qu'il représentait la Volonté. Après les tentatives gouvernementales antérieures, en présence des événements graves de la guerre, il fallait confier à un homme comme lui les destinées de la nation. Peut-être aurait-on pu y songer plus tôt! Pourquoi avait-on attendu la quatrième année des hostilités pour mettre cette force en œuvre? Etait-ce pourtant la première fois qu'on y songeait?

M. FALLIÈRES ET L'UNION SACRÉE.

Un souvenir se présente à mon esprit qu'il me faut conter. En 1911, en pleine crise franco-allemande d'Agadir, au cours du mois de septembre, un Conseil des ministres se tint à Rambouillet. Le Président de la République avait gardé à déjeuner les membres du Gouvernement. Après le repas, M. Fallières sortit dans le parc et s'entretint avec quelques-uns de ses convives. Puis il me prit le bras, m'entraîna pour faire une courte promenade et me tint un langage que je n'ai jamais oublié, tant il avait de sagacité et de noblesse. Il commença par me dire ses appréhensions sur la situation, qui s'était aggravée depuis quelques jours, et envisagea l'hypothèse où l'Allemagne nous contraindrait à une mobilisation. En présence de cette redoutable éventualité, M. Fallières me dit : « Si on nous déclare la guerre, je commencerai par demander au Ministère de me remettre sa démission. Je n'ai pas appelé M. Caillaux à la présidence du Conseil pour le temps de guerre. Il a été choisi à cause d'un état politique du temps de paix. Il devra pourtant rester dans le nouveau Cabinet et — je tiens à vous en aviser amicalement tout de suite — je désire qu'il prenne alors les Finances, où il vous a précédé : il est d'ailleurs votre chef actuel et pareille situation n'a rien de désobligeant, d'autant plus que je compte vous voir rester dans le Cabinet, au Ministère du Commerce, pour lequel vos anciens travaux à la Commission des douanes vous désignent si particulièrement, ajouta-t-il avec la bienveillance excessive dont il m'honorait. Ne croyez pas pourtant que les mêmes ministres resteront. Delcassé et un ou deux autres exceptés, ils sont de bons ministres seulement pour la paix, non pour la guerre. »

UN CABINET CLEMENCEAU-DÉROULÈDE.

« Savez-vous ce que je vois, ce que je veux ? poursuivit-il avec chaleur. Vous allez être surpris : je constituerai un Cabinet Clemenceau-Déroulède : vous comprenez la signification de cet acte ; plus de querelles de personnes, plus de divisions, *l'union de tous les bons citoyens pour la défense de la patrie.* A côté d'eux, des républicains de toutes nuances, pour que tous les partis soient associés à l'œuvre commune. »

Mon émotion reste intense d'avoir entendu M. Fallières, qui fut l'un de nos grands Présidents de la République, prévoir l'union sacrée et prononcer le premier le nom de l'homme qui sut « faire la guerre » et ramener la victoire sous les couleurs françaises. Il avait suffi à M. Fallières de laisser parler sa raison et son cœur : il possédait l'une et l'autre. Pourquoi faut-il que l'on ait, à l'heure critique, maintenu les choix du temps de paix et attendu trois longues années pour accomplir le geste décisif que M. Fallières avait prévu et voulu immédiat ?

CHAPITRE IX

POLITIQUE FINANCIÈRE INTERALLIÉE
DE GUERRE

J'avais à peine pris possession des services de la rue
Rivoli, en septembre 1917, que je m'aperçus de la nécessité de ramener devant un Comité siégeant à Paris les
questions financières soulevées par les accords financiers
interalliés et toutes autres. Je constatais avec plaisir que
notre Haut Commissaire à Washington partageait cette
opinion que je m'employais avec son concours à faire prévaloir.

Un incident assez curieux m'incitait au surplus à poursuivre la réalisation de ce projet.

Un accord financier était intervenu à Londres, le 28 juin
de la même année, entre mon prédécesseur, le regretté
Thierry — qui fut alors désigné pour l'Ambassade
d'Espagne et mourut peu de temps après — et M. Bonar
Law, chancelier de l'Échiquier, également disparu aujour-
d'hui. Thierry se croyait tellement tenu au secret qu'il
n'avait pas intégralement communiqué ces documents,
confidentiels suivant la règle constante en la matière, à
notre Haut Commissaire à Washington. Quelle ne fut
pas ma surprise, lorsque j'appris par Tardieu que la communication de l'article important de la convention lui
avait été faite par lord Reading — aujourd'hui vice-roi
des Indes — qui avait été envoyé aux États-Unis, sans que

sa mission ait été annoncée à la France ni officiellement, ni même officieusement...

Sans doute n'avions-nous pas à cacher à nos alliés américains, si ceux-ci avaient exprimé le désir de les connaître, des arrangements qui n'avaient été conclus, entre les Anglais et nous, que pour la meilleure conduite de la guerre commune ; mais n'était-il pas tout à la fois conforme à l'usage et à l'intérêt bien compris du Gouvernement britannique comme du Gouvernement français que cette communication ne fût faite qu'après un accord préalable? Si la solidarité financière des Alliés eût réclamé que ces accords fussent confrontés, nous n'y eussions vu que des avantages ; mais les trois ministres des Finances des trois pays auraient eu alors à décider entre eux, tout d'abord, dans quelles conditions cette confrontation pourrait avoir lieu.

Mieux encore, lord Reading, quelques jours après, communiquait à notre Haut Commissaire un décompte détaillé de nos achats que nous ne cessions de réclamer à la Trésorerie britannique sans succès ! Je profitai de ce nouvel incident pour hâter l'institution à Paris de la Commission financière au sujet de laquelle M. Paul Cambon m'avait déjà transmis les assurances de principe du Foreign Office.

J'insistai encore auprès de Tardieu et je suggérai que le colonel House fût autorisé par le Président Wilson à se faire accompagner d'un représentant qualifié de la Trésorerie américaine avec lequel les Anglais et nous pussions étudier une méthode d'action commune, tout particulièrement en ce qui concernait les paiements à faire en pays neutres, par exemple en Hollande, en Suisse, en Norvège, en Espagne, dans la République Argentine, dont j'ai grand plaisir à reconnaître l'amicale loyauté.

LE PREMIER COMITÉ INTERALLIÉ DES FINANCES.

Enfin nos efforts furent couronnés de succès, et le 2 janvier 1918, le premier Comité interallié des Finances se réunit à Paris après un entretien préparatoire au Louvre, dans le palais de la Légion d'honneur que le général Florentin avait prêté obligeamment. L'Angleterre avait envoyé deux hommes d'État éminents, M. Bonar Law et lord Reading ; l'Italie, M. Nitti et le marquis Impériali ; les États-Unis, M. Crosby, à qui nous confiâmes, sur ma proposition, la présidence de nos réunions. Le baron Edouard de Rosthschild avait aimablement mis à la disposition de M. Crosby une aile de son hôtel de la rue Saint-Florentin, et le garde-meuble avait fourni, comme bureau de travail, celui même de Napoléon 1er.

M. Crosby était un fort charmant homme ; il essaya de concilier au mieux les intérêts de ses commettants et ceux des Alliés. Ces derniers étaient auprès de lui fort empressés à cause même des services que pouvait leur rendre la grande démocratie américaine. Je dois ce témoignage à M. Crosby qu'il fit de son mieux.

Que dirai-je de M. Bonar Law ? Homme d'une extrême bonne foi, très sérieux, fort attentif aux avis de sa propre Trésorerie, loyal, il pratiquait le *fair play* sans aucune sensibilité. Quant à lord Reading, il me parut être l'un des plus intelligents de ses compatriotes par la variété de ses connaissances et la ferme souplesse de son esprit.

Nitti, ministre du Trésor en exercice — qui depuis... Rome alors... — donnait l'impression d'un de nos intellectuels méridionaux : il avait une astuce considérable qui pourtant frisait la naïveté. Lors de son premier contact avec moi, il avait cru élégant de me dire très spontanément, au Louvre, avec l'accent même de Mazarin : « *Ze* *serai* président du Conseil dans mon pays, quand *ze* le voudrai. *Ze* ne l'ai pas voulu jusqu'à présent pour laisser aux autres les difficultés. » Attitude d'une correction discutable vis-à-vis de son Président Orlando, que je devais revoir avec grande sympathie à la Conférence de la Paix.

LA DETTE RUSSE.

Dans ce palais de la Légion d'honneur, nous vîmes aussi des Japonais, des Belges, des Serbes, des Roumains, Foch en personne venu un instant pour une question technique de camions militaires tendant à la coordination des efforts, et nos discussions, soutenues sur le ton le plus amical, présentèrent le plus vif intérêt. On décida une seconde réunion pour le mois suivant à Londres où je me rendis, l'ordre du jour devant comprendre notamment les questions concernant la Roumanie et la Russie, laquelle, dès décembre, avait pris des résolutions particulièrement graves pour les nombreux porteurs des emprunts russes ; dans l'emprunt français, notre Gouvernement avait eu le souci de ménager leurs intérêts. D'autres mesures devaient être concertées.

Le Comité financier interallié, réuni à Londres les 9 et 10 février, adopta cette importante résolution que M. Bonar Law et moi communiquâmes d'accord à la presse de nos deux pays, le 28 mars 1918 :

« Le Comité interallié des Finances rappelle la mention faite par la Conférence diplomatique de Londres, le 19 février 1831, à propos des affaires de Belgique :

« C'est un principe d'ordre supérieur que les traités ne
« perdent pas leur puissance, quels que soient les change-

« ments qui interviennent dans l'organisation intérieure
« des peuples. »

« Recommande à l'attention des Gouvernements alliés
la déclaration suivante :

« Considérant :

« Que le Gouvernement impérial russe, quand il a con-
tracté, représentait incontestablement la Russie et l'obli-
geait définitivement ;

« Que cet engagement ne peut être répudié par l'autorité,
quelle qu'elle soit, qui commande ou qui commandera en
Russie, sans quoi la base même du Droit international se
trouverait ébranlée ;

« Qu'autrement il n'y aurait plus de sécurité dans les
relations entre États, qu'il deviendrait impossible de traiter
un contrat à longue échéance, si ce contrat risquait d'être
méconnu ;

« Que ce serait la ruine du crédit des États au point de
vue politique comme au point de vue financier ;

« Qu'un État ne trouverait plus à emprunter dans des
conditions normales, si les prêteurs n'avaient de garantie
que dans le maintien de la Constitution en vertu de laquelle
le Gouvernement emprunteur, représentant le pays, faisait
appel au crédit ;

« Qu'aucun principe n'est mieux établi que celui d'après
lequel une nation est responsable des actes de son Gouvernement sans qu'aucun changement d'autorité affecte les
obligations encourues ;

« Que les obligations de la Russie subsistent, qu'elles
s'imposent et s'imposeront au nouvel État ou à l'ensemble
des nouveaux États qui représentent ou représenteront la
Russie.

*Les Puissances alliées prendront en considération les
principes ci-dessus rappelés dans toute négociation rela-*

tive à la reconnaissance du ou des nouveaux Etats qui se constitueraient en Russie.

Peut-être n'est-il pas inutile de rappeler aujourd'hui ces décisions dont l'autorité reste incontestable.

L'IMPORTANCE DU CHANGE.

Ce n'est pas que des difficultés formidables, sans cesse renaissantes, n'aient existé, depuis longtemps, dès le début même de la guerre, entre les Trésoreries alliées. Il fallait veiller à toute heure au maintien de nos positions. Au moment même où fonctionne le Comité interallié des Finances dont M. Mac Adoo — l'ancien Secrétaire d'Etat du Trésor américain, le gendre du Président Wilson — à qui je veux rendre un plein hommage — avait lui-même recommandé l'institution, le Gouvernement américain entend procéder brusquement à une modification radicale de la politique financière qu'il avait suivie à notre égard depuis son entrée dans la guerre : aux crédits forfaitaires mensuels qu'il nous avait consentis jusqu'alors, il veut substituer — à la fin de février 1918 — l'engagement de nous fournir les dollars nécessaires pour payer seulement nos achats aux Etats-Unis, sous certaines conditions de contrôle.

Si nos crédits avaient été strictement mesurés aux achats de guerre, nous eussions délibérément abandonné notre change. Or, nous ne pouvions risquer que des offres de francs à New-York y fussent dépourvues de contre-partie. J'insistai donc sur ce qui avait d'ailleurs été admis par M. Crosby, dès notre première entrevue ; *le maintien de la valeur du franc est une question politique qui intéresse la coalition tout entière.* Plus tard, je reviendrai sur ce sujet si grave.

UNE OPÉRATION DE GUERRE.

Mais à ce moment précis, la question des changes alliés prenait sur les marchés neutres, et tout spécialement sur le principal d'entre eux — le marché espagnol — une importance qui dépassait la pure question financière et exigeait impérieusement une intervention vigoureuse et immédiate. Cinq pesetas valaient, le 15 avril 1918 à Madrid, huit francs huit centimes ; la livre sterling et le dollar subissaient une baisse corrélative. Le mark avait des allures triomphantes. J'imaginai donc une intervention franco-anglo-américaine, appuyée sur des pesetas. Dès le 21 avril — je le reconnais avec empressement —, la Trésorerie anglaise m'avait envoyé son adhésion et promis pour un tiers son concours métallique. Cependant, aux Etats-Unis, on ne comprenait pas qu'il s'agissait de défendre notre crédit et notre prestige communs en parant avec promptitude les coups dirigés contre nous tous. Or, nous avions la preuve qu'il y avait, en l'espèce, une manœuvre de nos ennemis, concomitante des événements militaires, destinée et à produire un effet moral et à entraver la réalisation de nos récents accords.

La conduite de l'opération, engagée et réalisée sans le concours entier des Etats-Unis, fut confiée à M. de Lasteyrie — notre Grand Argentier de l'heure — qui, par sa réussite, mérita des félicitations et une haute récompense. Nous avions sauvé par une vraie opération de guerre la livre, le dollar, le franc, fait reculer le mark, et ce, en nous appuyant certes sur une somme assez forte en réserve, mais en risquant uniquement quelques centaines de mille francs ; pas davantage ; les régiments étaient restés dans l'expectative ; il avait suffi, pour l'emporter, de savoir engager à l'heure voulue un bataillon.

LES PRÉCAUTIONS A PARIS.

C'était cependant l'heure la plus redoutable de la guerre. Le 21 mars, la cinquième armée anglaise avait subi dans la Somme une retentissante épreuve. Amiens était menacé ; par Amiens, Calais, par Calais, Londres, toute l'Angleterre. Le sort de la guerre se jouait. Le dimanche des Rameaux, le 24 mars, dans l'après-midi, j'allai trouver mon chef. Je dis à Clemenceau la responsabilité qui pesait sur le ministre des Finances vis-à-vis de la fortune publique et privée que contenait Paris, si la capitale venait à être menacée. J'avais le devoir de prendre *en temps utile* des précautions. Il me fallait être renseigné minutieusement sur la marche des événements militaires. Clemenceau, qui devait voir Pétain le lendemain matin de bonne heure, promit de me mettre au courant aussitôt après à l'Elysée, où devait av ir lie 1 un Conseil des Ministres. Il me prit à part et me dit simplement : « Pétain déclare que dans cinq jours Paris peut être à nouveau menacé. Agissez donc en conséquence. » C'est ce que je fis sur l'heure même.

Or, dans la nuit du 8 au 9 mars 1918, une torpille allemande était tombée sur les bâtiments de l'usine de Pantin, où l'on fabrique des allumettes. Les allumettes ne brûlèrent pas ! c'était sans doute la torpille allemande qui était de mauvaise qualité...

Mais le danger causé par les incursions des avions, des gothas, par les bombes des berthas, me donnait un prétexte, un motif suffisant pour prescrire des mesures de sauvegarde. Que les rentiers soient immédiatement rassurés ! c'est au Grand Livre de la Dette publique que je songe en premier ; on l'évacue à Angers, du 28 mars au 10 avril. A la Caisse centrale, le bureau du portefeuille est évacué également à Angers, aussi à Poitiers, Limoges, Sommières ; le service des Emissions à Pau ; l'atelier général du Timbre à Annonay, un atelier de l'administration des Monnaies à Rochefort-sur-Mer.

Mon éminent collaborateur Sergent — un financier qui possède tout à la fois la compétence, le sang-froid et l'imagination — et mon dévoué et excellent chef de Cabinet, Nadaud, préparent les décisions et en assurent l'exécution. Il faut également évacuer les titres des grandes banques. Camions, wagons, trains sont utilisés suivant les besoins.

Tandis que le Crédit Lyonnais, le Comptoir National d'Escompte et le Crédit Industriel s'installent à Avignon, au Palais des Papes, la Banque de l'Union Parisienne envoie ses titres à Bordeaux aux chantiers de la Gironde, la Chambre syndicale des Agents de change à Angers, la Société Générale à Riom — devinez où ? — dans la Sainte Chapelle même, sous la protection du Très-Haut !

Mais toutes ces mesures furent vaines. La Victoire qui avait semblé nous abandonner fin mars commençait, grâce à l'énergie de Clemenceau, à la vaillance des troupes, à l'intelligence de leurs chefs, à tourner vers nous son sourire radieux...

CHAPITRE X

VERS LA VICTOIRE

Ceux qui croiraient que les difficultés entre la France et la Trésorerie britannique — où imposait sa loi un germanophile que nous retrouverons, le trop célèbre M. Keynes — sont seulement de date récente, commettraient une erreur grossière. Un exemple caractéristique suffira ici.

L'HUILE DE RICIN ET LA GRANDE-BRETAGNE.

Au cours du printemps de 1918, la Trésorerie britannique avait affirmé, à plusieurs reprises, son intention de faire rembourser par nous, en dollars ou autre monnaie appréciée, non seulement le montant des dépenses qu'elle pouvait effectuer pour notre propre compte dans ces monnaies, mais encore une part, arbitrairement fixée par elle, du prix des fournitures achetées par nous en Grande-Bretagne, part qui était censée correspondre à la quantité de matières première d'origine exotique incorporée dans les objets fournis !

Cette prétention, à laquelle notre agence de Londres s'efforça d'une manière générale de satisfaire, entraîna pour nous des reversements de dollars dont la justification au regard des États-Unis fut toujours très difficile à fournir et donna lieu à de nombreuses et légitimes discussions.

La Grande-Bretagne n'hésita pas néanmoins à soutenir très fermement son point de vue. Nous ayant réclamé un versement de pesos argentins en contre-partie d'une fourniture d'oléagineux et n'ayant pas reçu une réponse immédiate, elle n'hésita pas à *mettre l'embargo sur des cargaisons de lubrifiants qui étaient attendus avec impatience par les services de l'aviation française.*

On était à la fin de mars 1918, *au lendemain même* de la rupture du front anglais par les Allemands et on se rappelle le rôle plein d'abnégation joué par l'aviation française en cette pénible occurrence.

Il fallut une intervention personnelle et très énergique auprès des représentants de la Trésorerie britannique, amenés à ce moment précis à Paris par une conférence interalliée, pour obtenir que cet embargo — dû probablement à la néfaste action de Keynes — fût levé de toute urgence, les nécessités de la *défense commune* ne pouvant vraiment à cette heure critique être mises en balance avec des questions de compensation de monnaie !

Cette conception particulariste, on la retrouve quelquefois hélas ! dans les services administratifs de la Grande-Bretagne ou dans le cerveau de quelques-uns de ses hommes politiques.

WINSTON CHURCHILL PENSE DÉJÀ, EN 1909, A SES ÉLECTEURS.

J'en avais été tout spécialement frappé déjà, lorsque, en mai 1909, au cours d'une visite rendue à des parlementaires anglais par des parlementaires français — Millerand, Doumer, Berteaux, Joseph Reinach, entre autres, étaient du voyage — j'eus l'occasion de voir en son Cabinet le ministre d'alors du *Board of Trade*, M. Winston Churchill. Je présidais à ce moment-là la Commission des Douanes de la Chambre qui avait entrepris la revision des tarifs, pour répondre aux spécialisations de l'Allemagne dirigées directement contre les produits français. Une grande lutte économique était alors engagée chez nos voisins entre le libre échange défendu par le Gouvernement de M. Asquith et le régime protectionniste réclamé par la *Tariff Reform League* dirigé par M. Hewins qui fut sous-secrétaire d'Etat des Colonies à la fin de la guerre. Cette bataille des partis était si ardente que Mrs Asquith, la femme du premier Ministre, fut violemment attaquée, pendant notre séjour même, pour avoir amené à Downing Street des mannequins qui devaient défiler dans ses salons avec les robes de notre couturier Poiret.

Comme je définissais à M. Winston Churchill le but que nous poursuivions, il me déclara immédiatement qu'il était fort contrarié par notre initiative, à cause de la « politique intérieure » et comme je lui exposais, avec des exemples à l'appui, que les spécialisations qui visaient et atteignaient les produits allemands ménageaient les produits de l'Empire britannique, il s'apaisa et me dit avec empressement : « Ah ! donnez-moi ces exemples : *ils me serviront en réunion électorale.* » Je promis de les lui faire remettre par notre ambassadeur. Ce souci dominant de l'électeur n'est-il pas très représentatif d'un état esprit permanent ?

UN CONCOURS EXCEPTIONNEL DE LA TRÉSORERIE AMÉRICAINE.

Des conceptions souvent plus larges animaient nos associés des États-Unis.

Dès leur entrée en guerre, il avait été entendu que la Trésorerie française fournirait à leurs forces expéditionnaires les francs nécessaires à la couverture de leurs dépenses dans notre pays. La Trésorerie américaine mettait à la disposition du Gouvernement français à New-York la contrevaleur, au cours du jour en dollars, des avances ainsi effectuées. L'importance rapidement croissante des effectifs américains envoyés au delà de l'Océan, le montant élevé des soldes, l'abondance des installations et des approvisionnements de toutes sortes, augmentèrent promptement nos avances en francs et ce jusqu'à des chiffres formidables. Il en résultait à la vérité que notre encaisse à New-York était rapidement accrue : mais tout d'abord ce système revenait à faire acheter au jour le jour les dollars nécessaires avec toute la perte que représentait la dépréciation du franc ; d'autre part, les avances directes de la Trésorerie américaine se trouvaient réduites du montant équivalent. Enfin, conséquence plus grave, les francs, mis par sommes considérables à la disposition des payeurs américains, ne pouvaient être obtenus qu'en sollicitant l'aide de la Banque de France. Ils surchargeaient automatiquement notre circulation et devenaient une des causes essentielles de l'inflation fiduciaire.

De là l'idée de demander au Gouvernement américain de fournir à la France une somme en or qui vînt renforcer l'encaisse de la Banque de France, donner un soutien à nos émissions et compenser les inconvénients que j'ai décrits.

M. Clemenceau adressa lui-même une lettre éloquente au président Wilson à ce sujet. Je câblai de mon côté au secrétaire d'État du Trésor, M. Mac Adoo ; nous étions certains qu'il ne saurait rester sourd « à un appel venu du champ de bataille. » Si les États-Unis ne crurent pas pouvoir nous donner satisfaction dans la forme où nous l'avions demandé, ils tinrent pourtant à ne pas rester insensibles à l'appel du Président du Conseil et mirent très obligeamment à la disposition de la Banque de France une somme de 200 millions de dollars, qui fit l'objet d'un poste spécial à l'actif du bilan de la Banque. La contre-valeur au pair, soit 1,036 millions de francs, fut versée au Trésor français. Ultérieurement, les 200 millions de dollars furent mis graduellement à la disposition du commerce et fournirent un concours précieux au soutien de notre change pendant la période difficile qui suivit la guerre, en même temps que leur aliénation pour le compte du Trésor sur des cours élevés apportait des ressources supplémentaires très appréciables.

L'INDEPENDENCE DAY DE 1918.

Ce concours si cordial et si utile nous parvenait presque à l'heure même où le président Wilson précisait, à Mount-Vernon, sur la tombe de Washington, les buts de guerre des Alliés. « Nous luttons pour la destruction de tout pouvoir arbitraire ; aucune solution *indecise* ne serait supportable, ni concevable », s'écriait-il, cependant que le même jour, pour célébrer à Paris la fête américaine de l'Indépendance, nous nous groupions, émus et respectueux, par un matin gris bleu, place d'Iéna, auprès de la statue de George Washington. Et là, nous vîmes défiler, comme de vieux soldats, les vainqueurs de Cantigny — ce charmant village des environs de Montdidier — que les Américains, préludant à des actions plus décisives, venaient de reprendre aux Allemands surpris. Ils descendaient, d'un pas alerte et régulier, vers la statue de Strasbourg, symbole de nos muettes espérances.

LE 14 JUILLET SYMBOLIQUE.

Et quel autre symbole, quelques jours après, le 14 juillet, lorsque se dirigèrent vers l'Arc de Triomphe, sortant des lisières du bois de Boulogne, les contingents de toutes les armées alliées, après une véritable revue des Nations. Il en fut — les malheureux — qui critiquèrent le jour même le choix de cet itinéraire, présage des événements du lendemain. Ces infortunés redoutaient tout à cette même date, pendant cette veillée d'armes où l'on comprit que Clemenceau représentait l'âme populaire et personnifiait avec grandeur la résistance nationale. Ah ! l'émouvante accolade que celle d'une femme âgée et du grand vieillard sur la place de la Concorde où s'étalaient, ainsi que dans les avenues voisines, cent baraques occupées par des jeunes filles du service des Emissions qui, malgré les menaces des Berthas, s'empressèrent de prêter leur courageux concours. L'on souscrivit dans une seule journée *plus de cent dix millions* de bons de la Défense nationale. Le chef de l'État, les ambassadeurs alliés — en particulier lord Derby, le comte Bonin-Longare qui ont laissé tant d'amis en France, — acclamés, vinrent remettre leur offrande. Clemenceau, porté par un flot humain, put verser son obole. Dans l'air flottait comme un parfum de réconfort patriotique. Et au cours de la nuit même commença de se jouer le destin définitif de nos armes. Qui donc a oublié la grande musique nocturne qui tint Paris éveillé, ému et confiant, après la digne célébration de la plus noble des fêtes nationales ?

CLEMENCEAU AU FRONT.

Et quelques jours après, le jeudi 8 août, en compagnie de Célier, mon très distingué collaborateur de la direction du Mouvement des Fonds, je me rendais pour affaires de service, rue Saint-Dominique, voir le Président du Conseil. Après l'entretien, il nous donna des nouvelles du front ; il manifesta sa satisfaction et, d'un ton enjoué, me fixa rendez-vous pour le dimanche suivant sur la place de Montdidier, — chef-lieu de l'arrondissement que je représente depuis 1898 — ville que les Allemands occupaient, hélas ! dès la fin de mars. Clemenceau avait vu juste. Le samedi matin, il me faisait téléphoner pour me demander si je voulais l'accompagner le lendemain même à Montdidier où venaient de rentrer les troupes françaises. Je ne décris pas mon bonheur et je m'apprêtai joyeusement.

On partit à une heure très matinale, à toute allure. Nous descendîmes d'abord dans mon petit village d'Ayencourt-le-Monchel, tout fumant encore de la bataille. Des cadavres ennemis gisaient sur les côtés de la route. J'aperçus tout à coup une femme, une de nos vaillantes paysannes. Je me précipitai vers elle pour lui demander comment elle se trouvait là. Évacuée, depuis l'occupation du village par l'ennemi, dans une commune voisine de l'Oise, elle était rentrée aussitôt derrière les soldats français dans sa toute petite patrie. Comme je jetais un triste regard circulaire sur les ruines et les dévastations qui nous entouraient, je lui dis familièrement : « Eh bien ! c'est du propre, c'est du beau ! » « *C'est tout de même chez nous* » répondit-elle d'un ton indéfinissable et doux.

Nous poursuivîmes notre chemin ; à Montdidier, sur

la place même où Clemenceau m'avait, trois jours avant,
promis un rendez-vous idéal, nous vîmes la réalité douloureuse d'une destruction totale. Un socle était vide :
celui qui portait la statue de Parmentier. Comme elle
était en bronze, les Allemands, naturellement, l'avaient
volée.

Et, poussant plus avant vers la bataille, nous nous diri-
geâmes, suivant nos troupes assaillantes, sur la grand'-
route de Montdidier à Roye. Un dragon blessé est préci-
pité de son cheval affolé par la canonnade, lequel passe
en galopant à nos côtés.

Avoir vu Clemenceau au front, c'est un spectacle inou-
bliable ! D'un pas ferme, il s'avançait à découvert, au
mépris de tout danger, sur le chemin le plus exposé.
Comme je m'approchais de lui pour lui adresser respec-
tueusement quelques avis circonspects, il étouffa net les
paroles sur mes lèvres, en me disant d'un ton unique :
« Mordacq — le soldat remarquable qui était son chef de
Cabinet et nous accompagnait — trouve que je suis impru-
dent ; savez-vous pourquoi ? C'est parce qu'il a peur. » Et
nous continuâmes, rencontrant à un tournant des fantas-
sins qui marchaient à l'attaque vers Bus et Tilloloy. Là,
j'ai vraiment compris l'action de Clemenceau. Il s'arrêta,
leur parla tendrement ; dans son œil, une flamme brillait ;
elle éclairait ses interlocuteurs d'une minute qui, dans
l'heure suivante, allaient peut-être disparaître à jamais
pour accomplir le commun devoir. Ils sentaient, ces héros
obscurs, que Clemenceau partageait à ce moment leur
danger, que le chef du Gouvernement de la France était
présent et que si les devoirs de sa charge l'obligeaient à
s'éloigner tout à l'heure vers l'arrière, son cœur restait,
lui, toujours en première ligne.

ON NE TROUVE PAS MIEUX DANS PLUTARQUE.

Après avoir vu les soldats, on alla vers les chefs, au Quartier général de Debeney, qui commandait l'armée. Là nous rencontrâmes Pétain. Dans une salle de l'école de Conty, je crois bien, où se trouvait le Quartier général, une table, en plein milieu de la pièce, avec une carte étalée. D'autres cartes aux murs dénudés ; quelques chaises médiocres, un silence profond, troublé souvent par les bruits sourds du combat. Cinq personnes dans le local étroit : les trois généraux, Pétain, Debeney, Mordacq ; deux civils, Clemenceau et moi.

Clemenceau s'avance vers la table et regarde un instant la carte sur laquelle il note nos progressions constantes, et, sans lever les yeux, il dit : « Je n'ai pas l'habitude de donner des conseils relatifs aux opérations militaires ; mais, comme chef du Gouvernement, je me permets une simple recommandation. Le pays sent la victoire ; je vous demande de n'avancer maintenant qu'avec la certitude de n'être pas obligé de revenir ensuite en arrière. L'opinion publique vous en saura un gré infini. D'ailleurs, ajoute-t-il en commençant de relever malicieusement la tête, nous n'avons plus à craindre de pareilles éventualités, depuis la réussite de l'opération de Gouraud. » Il faisait allusion à la manœuvre de la quatrième armée, abandonnant, dès le 15 juillet au matin, ses positions avancées pour se replier sur sa position principale, tactique qui favorisa la formidable contre-attaque de l'armée Mangin, le 18 du même mois. Un silence absolu de plusieurs longues secondes. Alors Clemenceau, relevant la tête, regarde dans les yeux Pétain, qui n'avait pas bronché, et ajoute : « D'ailleurs, général Pétain, le général

Gouraud se plaît à dire que cette opération, c'est la vôtre. »

Et Pétain de répondre, lui qui était resté silencieux même lorsqu'on semblait attribuer à un camarade son propre mérite : « C'est vrai ; mais Gouraud l'a magistralement exécutée. »

Quoi de plus beau et de plus désintéressé ! Ces grands chefs reconnaissant, sans même être tous deux présents, leur mérite respectif, quel exemple, quelle leçon !

Une armée conduite par des capitaines d'une pareille trempe ne pouvait que marcher à la Victoire.

CHAPITRE XI

L'ARMISTICE

Dans une grande salle du Trianon-Palace à Versailles, le 1er novembre 1918, autour d'une longue table ovale, siègent avec gravité des chefs de gouvernement, des ministres en veston, des chefs militaires en tenue de campagne. Au cours de la délibération du Conseil supérieur de guerre interallié, on ne fait pas de discours — la plus longue intervention due à M. Orlando comporte au plus trois cents mots — on ne hausse pas le ton. On agit.

Les clauses militaires de l'armistice proposées par le maréchal Foch ont été arrêtées la veille avec quelques additions, en particulier la livraison de 2.000 avions de chasse et de bombardement, de 10.000 camions automobiles. Deux jours avant, sur interrogation de M. House — qui représentait le Président Wilson — et de Lloyd George, le commandant en chef a déclaré : « Les conditions auxquelles se sont arrêtés vos conseillers militaires sont celles-là mêmes que nous devrions et pourrions imposer après le succès de nos prochaines opérations. » Le maréchal avait commencé par indiquer que celles-ci pouvaient durer trois, quatre ou cinq mois. « Si donc, concluait-il, les Allemands acceptent, il est inutile de continuer la bataille. »

Et pourtant les chefs de gouvernement, après examen

minutieux, aggravent les dites conditions, en plein accord d'ailleurs avec le maréchal.

LES RÉPARATIONS.

Alors une voix s'élève, celle du Président, celle de Clemenceau, pour dire : « Il n'a pas été fait mention de la restitution des objets volés, *ni de la réparation des dommages.* »

Aussitôt une riposte de Lloyd George : « Je suis d'accord pour la restitution des objets volés ; mais la réparation des dommages est une *condition de paix.* »

Des observations rapides s'entre-croisent, qui conduisent Clemenceau à confier au délégué belge le soin de proposer un texte le lendemain, lors de la deuxième lecture. Il en est ainsi décidé.

L'ADDITION DE CLEMENCEAU.

Le lendemain, 2 novembre, presque au début de la séance, le Président du Conseil français revient sur la question des réparations et des dommages : « *On ne comprendra pas,* dit-il, *chez nous, en France, que nous n'inscrivions pas une clause à cet effet* ; ce que je vous demande, c'est l'addition de trois mots : « réparation des dommages », sans autre commentaire. »

La veille, Lloyd George — le Premier anglais d'avant-hier — avait formulé une opposition. Bonar Law — le Premier anglais d'hier — présente à son tour une objection : « Il est inutile d'insérer dans les conditions d'armistice une clause qui ne pourrait être exécutée dans un bref délai. »

Clemenceau insiste ; il dit avec simplicité et émotion :

« Je supplie le Conseil de se mettre dans l'esprit de la population française... » Il est interrompu par Vesnitch — notre ami de Serbie que la mort a trop tôt enlevé à notre affection — qui ajoute : « et serbe, » par Hymans — le Ministre des Affaires étrangères de Belgique, qui défend avec chaleur la cause sacrée de son noble pays — qui ajoute : « et belge, » par Sonnino — le très fin ministre des Affaires étrangères d'Italie, dont on doit regretter la récente disparition — qui ajoute de son côté : « et italienne aussi. »

Alors, M. House — dont le rôle, on ne saurait trop le redire, fut celui du meilleur et du plus sûr de nos amis — de déclarer : « Puisque c'est une question importante pour tous, *je propose d'accepter l'addition de M. Clemenceau.* » Cette intervention décisive n'empêche pas le tenace Bonar Law de riposter, sans succès d'ailleurs : « Cela a déjà été dit dans notre lettre au Président Wilson, qui le communiquera à l'Allemagne. Il est inutile de le dire deux fois. »

L'ARMISTICE FAUSSÉ.

Ainsi l'une des conditions essentielles de l'armistice était, grâce à Clemenceau, la réparation des dommages. Si les Allemands avaient refusé, lors de la signature de l'armistice, d'adhérer à cette clause, les hostilités continuaient ; elles eussent abouti pour l'Allemagne à une effroyable catastrophe militaire. On est donc aujourd'hui fondé à dire qu'en ne réparant pas les dommages, comme ils s'y étaient formellement engagés, les Allemands non seulement violent le traité de paix, mais faussent l'armistice et la paix elle-même.

« *La France et la Belgique doivent être restaurées,* » a dit le Président Wilson dans ses quatorze points, qui ont formé la base de toutes les tractations. Tant que cette restauration n'aura pas été faite, les buts de guerre des Etats-Unis, acceptés par les Alliés, n'auront pas été atteints.

LES CLAUSES FINANCIÈRES.

Est-ce tout? Le ministre des Finances français demande et obtient « la remise immédiate de tous documents, espèces, valeurs (mobilières et fiduciaires, avec le matériel d'émission) touchant aux intérêts publics ou privés dans les pays envahis. » Rappelant une clause du douloureux armistice de 1871, il fait décider que pendant la durée de l'armistice, il ne sera rien distrait par l'ennemi des valeurs publiques pouvant servir aux Alliés de gage pour le recouvrement des réparations. »

Après accord avec M. Sonnino, on accepte sa formule relative à la restitution de l'or russe et roumain pris par les Allemands ou remis à eux. Mieux encore, pour sauvegarder les revendications futures des Alliés et leurs intérêts, on inscrit, sur sa proposition, en tête des questions financières, les mots : « sous réserve de toutes revendications et réclamations ultérieures de la part des Alliés et des États-Unis. »

Comment furent exécutées les décisions du Conseil supérieur de guerre interallié après la signature de l'armistice ?

HUIT MILLIARDS RESTITUÉS IMMÉDIATEMENT.

Sans perdre un instant, j'envoie à Spa, où fonctionne la Commission internationale d'armistice, pour exiger les restitutions, deux délégués de choix : M. de Celles, alors

payeur général aux Armées, hier encore receveur central
de la Seine, et M. de Lasteyrie, qui occupe maintenant la
redoutable fonction de ministre des Finances. Tous deux
reçoivent des instructions précises, qu'ils sont invités à
exécuter avec diligence et fermeté. Le 20 novembre, ils
franchissent les lignes allemandes ; un drapeau blanc
flotte sur leur automobile. L'ennemi, qui avait dépouillé
les Français de leurs biens, procédait avec une méthode
extraordinaire, relevant par des croquis les cachettes des
trésors particuliers. Grâce à la fermeté des délégués de
la France, en peu de jours, *plus de huit milliards et demi
de titres, de valeurs, de bijoux volés furent restitués.*

Un protocole, assurant l'exécution des clauses financières de la convention d'armistice, débattu entre les délégués français, les délégués belges, MM. Hautain, Franqui,
Van Cutsen, Jansen, et les délégués allemands, Melchior,
Bising, Pocci, est signé dès le 1er décembre.

L'EMBARGO DE TRÈVES.

Un mois s'écoule depuis l'armistice, lequel est renouvelé le 13 décembre à Trèves. Un important protocole
financier, généralement oublié, est signé par les délégués
de l'Allemagne, MM. Bising et Ratsen, et par les délégués
de la France, MM. de Lasteyrie et Tirard, le très distingué
Haut commissaire actuel de la République dans les pro-
vinces du Rhin.

Que dit-il, ce protocole financier, spécialement en son
article premier?

« Engagement pour le gouvernement allemand de ne pas
disposer, sans accord préalable avec les Alliés, de l'encaisse
métallique du *Trésor* ou de la *Reichsbank*, des effets ou

des avoirs sur ou à l'étranger, ainsi que des valeurs mobilières étrangères appartenant au *Gouvernement* et aux *Caisses Publiques.*

» Engagement pour le Gouvernement allemand de ne donner, sans accord préalable avec les Alliés, aucune autorisation de sortie pour les avoirs ou les valeurs ci-dessus possédés par des *particuliers ou des Sociétés.* »

Véritable embargo dont il fallait assurer la réalité.

LA MISSION MARTIN.

Pour permettre l'exécution du protocole de Trèves, je recherchai parmi les collaborateurs d'élite qui entouraient le ministre des Finances un homme sûr, énergique, compétent. Le sous-gouverneur du Crédit Foncier, M. Louis Martin, qui, pendant de longues années, avait appris le maniement des hommes et des choses à la direction générale des Contributions indirectes — qui, depuis, exerce avec beaucoup d'autorité la délicate fonction de directeur général du Crédit National — accepta celle de commissaire financier délégué, chargé d'assurer l'exécution du protocole de Trèves.

Dès le 15 décembre, je faisais connaître mes intentions au Quai d'Orsay ; je le priais de notifier ce document franco-allemand aux Gouvernements alliés intéressés dans la question, en particulier aux Gouvernements britannique, américain et belge qui pourraient adjoindre des délégués au nôtre ; je lui demandais de tenir informés les Gouvernements neutres des risques auxquels ils s'exposeraient, eux et leurs nationaux, au cas où ils viendraient à effectuer, sans l'assentiment des Gouvernements alliés, des opérations sur des valeurs qui, étant notre gage, constituaient une garantie précieuse pour le recouvrement ultérieur de nos créances.

LA PREMIÈRE ÉTAPE.

Le 27 décembre, M. Louis Martin recevait sa lettre de mission. Il doit se rendre à Mayence, en territoire occupé, où il résidera : les représentants du Gouvernement allemand sont invités à se trouver en cette ville à partir du 3 janvier. « Dans ma pensée, est-il formulé en mes instructions, le contrôle que vous allez être appelé à exercer sur les paiements à l'étranger que l'Allemagne aura à effectuer pendant la durée de l'armistice *constitue la première étape vers l'établissement d'un contrôle général des finances allemandes*. Ce contrôle général s'impose pour la sauvegarde des intérêts des Alliés, plus spécialement des intérêts français. »

Louis Martin ne perd pas de temps ; le 5, il remet une note catégorique — pour qui connaît Louis Martin, sa note ne pouvait être autre — aux envoyés allemands qui soulèvent, avec mauvaise foi, un grave conflit en ce qui concerne les valeurs des particuliers et des banques. Louis Martin tient ferme et, le 6 janvier, j'approuve les conclusions de son rapport.

BROCKDORFF-RANTZAU S'ÉMEUT.

Les envoyés allemands en avaient référé à leur Gouvernement et, le 15 janvier, on vit surgir une protestation véhémente de Brockdorff-Rantzau, ministre des Affaires étrangères. « Les prétentions de l'Entente, écrit-il en dramatisant, — montrant que le bât le blessait vraiment à l'endroit sensible — ne peuvent que servir à instituer un esclavage financier de l'Allemagne vis-à-vis de l'Entente. Elles constituent une atteinte au droit privé des propriétaires allemands et elles entraînent un moratorium forcé de l'Allemagne à l'égard de l'étranger... Un pareil procédé paraît être en dehors de toute compréhension humaine et de tout droit divin : il doit étouffer tout sentiment de réconciliation des peuples et *ne saurait jamais être pardonné ni oublié.* »

LE « SADISME » DE LOUIS MARTIN !

La presse allemande fait chorus : « Il est scandaleux, déclare la *Frankfurter Zeitung*, que les pouvoirs publics aient attendu jusqu'au 15 janvier pour se rendre compte de l'incroyable abus que l'Entente, à l'instigation de la France et du financier Martin, fait du paragraphe 19 de la convention d'armistice... Nous avons décrit le système d'intrusion d'une grossièreté inouïe de l'Entente dans notre vie économique et les *finasseries sadiques*, si l'on peut s'exprimer ainsi, à l'aide desquelles M. Martin cherche à étrangler nos finances. » Mais, à la même date, un nouveau mois s'étant écoulé, une conférence est organisée à Trèves, les 15 et 16 janvier, pour le renouvellement de l'armistice. Louis Martin, Tirard et de Lasteyrie avaient été chargés de me représenter.

Alors que le protocole financier signé, en décembre, lors du précédent renouvellement, avait été négocié entre Français et Allemands seulement, cette fois-ci les Anglais ont désigné le célèbre germanophile Keynes, les Américains, M. Norman Davis.

RÉSISTANCE D'UN DÉLÉGUÉ AMÉRICAIN.

Et ici, j'ai le devoir de faire connaître le très remarquable, très impressionnant, très décevant rapport que M. de Lasteyrie fit parvenir au Gouvernement français.

Avant de rencontrer les délégués allemands, une réunion entre Alliés avait eu lieu pour fixer l'ordre du jour. « J'ai été amené à constater, dit de Lasteyrie, que le point de vue américain était très différent du point de vue français. » Tout spécialement en ce qui concerne l'inexécution par l'Allemagne des clauses du protocole de Trèves concernant l'exportation si périlleuse des valeurs mobilières, M. Davis a répondu qu' « il ne fallait pas faire une politique de coups d'épingle. »

Quelques instants plus tard, au cours de la conférence avec les délégués allemands, rendue plus « difficile par l'absence d'entente préalable entre les Alliés », M. Davis, sur cette même question, soutient contre nous les prétentions du délégué allemand Melchior.

En ce qui concerne le ravitaillement de l'Allemagne, le même Davis expose que « l'Amérique est disposée à ravitailler l'Allemagne, mais à une condition, *c'est d'être payée comptant.* » Pense-t-il à ce moment à la restauration de la France et de la Belgique, promise et voulue par le Président Wilson, dont il a dû outrepasser les instructions ? On verra plus tard à quel formidable incident conduisit cette question du ravitaillement de l'Allemagne — ce qui a permis à de Lasteyrie d'écrire : « M. Davis est venu à Trèves dans un seul but : écouler en Allemagne une partie des produits alimentaires que les Etats-Unis possèdent en surabondance et obtenir le paiement comptant de ces produits. »

DE LA VOLONTÉ.

Quoi qu'il en soit, les délégués se séparèrent sans avoir pu aboutir à une solution concrète : « Si les délégués français, continue de Lasteyrie, s'étaient trouvés — comme précédemment — en tête à tête avec les délégués allemands, ils auraient pu sans aucun doute obtenir un règlement satisfaisant des différentes questions pendantes. »

Je passe sur toutes les péripéties de la mission Martin ; le moins que l'on puisse dire, c'est qu'elle n'a pas été facilitée par certaines attitudes, comme celle de M. Norman Davis. Malgré toutes les difficultés pourtant, simplement par l'effet d'une volonté froide, indifférente aux exigences égoïstes des uns, aux cris forcenés des autres, M. Louis Martin put m'écrire le 10 mars : « *Le Gouvernement allemand a fini par donner en détail tout ce qu'en bloc il avait refusé*, non sans violence, à la lecture des instructions que j'avais remises à ses délégués. Sauf sur des points de détail qui feront l'objet de mes prochains efforts, *le contrôle est établi aujourd'hui* tel que je pensais l'établir au début de janvier » ; ce qui ne faisait pas plaisir à la finance internationale qui manœuvrait déjà avec une vigueur frénétique. N'empêche que Louis Martin avait bien mérité de la patrie.

Moralité : *Tenir dans la paix comme on a tenu dans la guerre, c'est là le secret.*

CHAPITRE XII

PREMIERS CHOCS INTERALLIÉS

Le contrôle des finances allemandes établi par Louis Martin, après les efforts surhumains que j'ai rappelés dans le précédent épisode, avait pour but d'empêcher l'évasion des capitaux allemands ; la France avait demandé le maintien de la Commission de Mayence après la mise en vigueur du traité. Les documents qui l'établissent constituent un dossier de vingt-quatre pièces, que l'on peut légitimement appeler le dossier Martin.

Comme, à l'occasion des défaillances systématiques de l'Allemagne, je m'entretenais, un jour de l'année dernière, avec le Président du Conseil, ministre des Affaires étrangères, je lui rappelai la tâche accomplie par Louis Martin et je l'engageai à puiser d'utiles indications sur les moyens d'action qui avaient été envisagés et employés en 1919.

Pour mieux l'éclairer, je lui communiquai l'inventaire des pièces du dossier Martin, afin qu'il les fît rechercher.

Est-ce au Quai d'Orsay qu'il le trouva ?

Non, le dossier en question lui fut *remis* par le service de la Délégation française à la Commission des Réparations.

Le dossier était-il complet ?

Non, une pièce manquait ; celle portant le numéro 21.

Que contenait cette pièce?

Tout justement l'avant-projet que j'avais présenté sur les dispositions à imposer à l'Allemagne (clauses financières) et les moyens de paiement — document facile à rechercher, puisqu'il émanait de l'Imprimerie Nationale.

Ainsi, jusqu'en mars 1922, le Ministère des Affaires étrangères avait ignoré les pièces si importantes de ce dossier, lequel contenait des éléments d'information et d'action qui avaient fait leurs preuves. Et encore le dossier n'était-il pas complet là où il se trouvait !

LE RAVITAILLEMENT DE L'ALLEMAGNE.

Mais la question des avoirs allemands s'était posée à l'état aigu au Conseil suprême des Alliés, à l'occasion du ravitaillement de l'Allemagne. On se rappelle qu'à la suite de la conférence de Trèves, à la mi-janvier 1919, pour le renouvellement de l'armistice, de Lasteyrie, délégué du Ministère des Finances, avait pu m'écrire qu'un représentant des Etats-Unis était venu à Trèves « dans un seul but : écouler en Allemagne une partie des produits alimentaires que les États-Unis possèdent en surabondance et obtenir le paiement comptant de ces produits. » Or, tout justement deux jours avant la réunion de Trèves, à la séance du Conseil suprême, en date du 13 janvier, la parole avait été donnée à Clémentel, alors ministre du Commerce, pour exposer les travaux de la Commission du ravitaillement qui s'était mise en rapport avec le Conseil naval, afin d'étudier les moyens et conditions qu'il y aurait lieu d'imposer aux Allemands pour assurer ce ravitaillement qu'une clause imprécise de l'armistice leur permettait d'espérer. Il fit connaître un texte ratifié par une Commission de ministres et d'experts, réunie le même jour, sous la présidence du maréchal Foch ; mais un paragraphe avait été réservé à la demande du ministre des Finances de la République Française.

Ce paragraphe disait : « Préalablement à toute fourniture, il doit être bien entendu que des dispositions satisfaisantes doivent être prises par l'Allemagne pour en assurer le paiement. Le Conseil recommande que les représentants des Trésoreries des Gouvernements associés reçoivent pleins pouvoirs pour discuter avec les représentants allemands du mode de paiement et pour *utiliser les crédits allemands à l'étranger*, de préférence à toutes autres ressources ; à défaut, les représentants auraient à présenter des recommandations au Conseil et à leurs Trésoreries respectives. »

Il s'agissait là d'une méthode de paiement qui pouvait compromettre les créances françaises et belges.

Un débat s'engagea, provoqué par la résistance du ministre français des Finances.

PREMIÈRES ESCARMOUCHES.

M. Bonar Law fit remarquer que le ravitaillement de l'Allemagne ne devait pas être une nouvelle charge pour les Alliés. Les produits alimentaires livrés à l'Allemagne devraient être payés *immédiatement*. Si ce n'était pas une nécessité de la ravitailler, on ne le ferait pas, et si c'est une nécessité, il est juste que ces produits soient payés.

Il y a des marchands en Angleterre.

Clémentel indiqua que les 200.000 tonnes de céréales et les 70.000 tonnes de produits de porc nécessaires à l'Allemagne par mois représentent une dépense d'environ 4 *milliards et demi* pour un an.

La somme était d'importance.

J'expliquai qu'il ne s'agissait pas de retarder le paiement que doit faire l'Allemagne, mais de régler l'ordre de priorité des créances. Je reconnaissais le caractère privilégié de la dette, mais il me semblait « *impossible d'accorder le premier rang à cette créance*, alors qu'il y a d'autres créances de la France et de la Belgique, pour ne citer qu'elles, qui peuvent être présentées en première ligne. » J'estimais qu'il était prématuré d'accorder la priorité à cette nouvelle créance, dont le rang serait réservé. Cette question ne regardait pas d'ailleurs l'Allemagne, « *dont tous les avoirs restent le gage commun des Alliés.* »

Et le Président Wilson, dont l'autorité paraissait considérable, de s'en mêler et de se jeter vigoureusement dans le débat. Il fait remarquer, sur un ton de prédicant, que la question du ravitaillement de l'Allemagne n'est pas seulement une question d'ordre intérieur, mais plutôt d'ordre général. Il est né...saire d'assurer le ravitaillement des populations des empires centraux, si l'on veut arrêter la dissolution de tous les Gouvernements et faciliter le rétablissement de l'ordre. Il insiste vivement auprès de moi pour que je retire mes objections.

L'appel est pressant : je me montre disposé à prendre « en sérieuse considération » les observations du Président Wilson, mais je fais appel au sentiment de justice du Président des États-Unis. La question du ravitaillement de l'Allemagne n'est pas en jeu ; c'est seulement la question du rang des créances que l'on discute actuellement. Je propose de dire que toutes les valeurs et avoirs de l'Allemagne seront mis en commun et que leur répartition fera l'objet d'une entente entre les Alliés.

Je n'accepte l'article que sous la condition formelle que la question de principe reste réservée et que, dans un délai de deux mois, les représentants financiers des grandes puissances se mettront d'accord sur l'ordre de priorité des créances. Cette proposition est adoptée par l'assemblée ; nous l'avions échappé belle !

Et c'est quarante-huit heures après, que de Lasteyrie subissait à Trèves le même assaut, dirigé par un Américain. Il y a aussi des marchands aux États-Unis.

LA MAUVAISE FOI ALLEMANDE.

Un mois après, à l'occasion du troisième renouvellement de l'armistice, il est constaté, par le Conseil suprême des Alliés, que les Allemands n'ont pas exécuté les clauses de l'armistice, — déjà ! Des clauses militaires, des clauses navales, des clauses financières sont tournées ou violée par eux. Un comité a rédigé un rapport décisif. Des méthodes économiques et militaires énergiques envisagent le rétablissement du blocus et la reprise par le Haut Commandement allié de la libre disposition de ses moyens d'action, si les Allemands refusent.

M. Balfour et le Président Wilson — bien que leurs experts et leurs chefs militaires aient collaboré à la rédaction du rapport — soulèvent des objections.

LE BÉTAIL VOLÉ.

Et Clemenceau d'appuyer, avec une émouvante éloquence, les propositions du Comité économico-militaire. Il a le regret de ne pas partager les opinions de M. Balfour et du Président Wilson. Il s'exprime ainsi: « On nous dit : les Allemands n'ont pas exécuté les clauses de l'armistice et vous allez les irriter — retenez bien ce mot, car il a été prononcé — si vous tatillonnez sur les demandes secondaires. »

Langage d'hier et langage d'aujourd'hui.

Il donne des exemples : « Voici encore une autre petite question toute nouvelle, puisqu'elle date de ce matin. Il s'agit de la restitution du bétail volé par les Allemands dans les fermes françaises. Les faits de la guerre sont tels que les campagnes américaines et britanniques n'ont pas souffert ; les nôtres ont été détruites au point qu'il semble qu'elles ne puissent renaître. La première préoccupation de nos paysans de la frontière, c'est de retrouver leurs bestiaux volés par centaines de mille. Ils les voient paître chez les Allemands qui continuent à s'en servir. Ils nous disent : « Vous avez remporté la victoire, assurément ; « mais nos animaux, est-ce que vous ne pourriez pas « demander aux Allemands de nous les rendre ? » Evidemment ce n'est pas là une question mondiale. La terre continuera de tourner, si nous ne donnons pas à nos malheureux paysans les moyens de réparer — dans quelle faible proportion ! — les malheurs de la guerre. Mais, tout de même, le philosophe qu'est M. Balfour ne me contredira pas, si je dis qu'il y a une philosophie de la guerre, une accumulation de causes qui s'entassent dans le cerveau humain, qui contribuent à son détraquement et produisent un déséquilibre général. Est-ce que vous croyez que j'accepterai *jamais* que les paysans français n'obtiennent aucune réparation, eux qui ont été éprouvés comme jamais aucune nation ne l'a été depuis l'invasion des Barbares ? Et encore, les Barbares dont l'histoire fait mention prenaient tout ce qu'ils trouvaient sur les territoires envahis, mais ils ne détruisaient rien ; ils s'installaient dans la vie commune. Cette fois, les ennemis ont détruit systématiquement tout ce qu'ils ont trouvé, comme le prouve le document (1) dont M. Klotz vous a donné connaissance, et il ne reste rien debout. Les Allemands voulaient que la France fût hors d'état de lui faire concurrence pendant dix ans et l'industrie française a été savamment détruite, non pour des raisons de guerre, mais pour empêcher la France de revivre dans la paix. Voilà où nous en sommes. Et on nous parle de fournir des matières premières à l'industrie allemande !... cela irrite les Allemands que je réclame la restitution du bétail qu'ils ont volé. J'en suis fâché pour eux, mais nous avons perdu trois millions d'hommes, morts ou mutilés ; il faut vraiment que nous obtenions un minimum de réparations. Et nos paysans ne peuvent attendre la signature de la paix. »

Cette forte harangue remue les consciences et c'est dans le sens désiré par le Gouvernement français que les dispositions du renouvellement de l'armistice sont le même jour arrêtées.

UN ASSAUT ANGLO-SAXON.

Un nouveau mois s'écoule ; il s'agit encore du ravitaillement de l'Allemagne. Le Conseil suprême est saisi le 8 mars — deux jours avant celui où Louis Martin doit m'écrire que le contrôle financier est établi en Allemagne, à l'époque précise où le ministre français des Finances

(1) *Voir aux annexes* : ANNEXE 1, page 161. L'INSDUSTRIE FRANÇAISE DANS LES RÉGIONS ENVAHIES. *Ouvrage publié sous la direction et par l'o dre du grand État-Major allemand en février 1916* (Extraits)

subit certains assauts parlementaires — d'un rapport de lord Robert Cecil sur la livraison de la flotte de commerce allemande et le ravitaillement de l'Allemagne, qui avaient été liés dans les conditions d'armistice.

Le rapport a été accepté sur tous les points, mais la délégation française a refusé les paragraphes *d*, *e*, *f*, relatifs à certaines « manières » dont l'Allemagne pourra payer son ravitaillement. Le Conseil suprême économique propose les « manières » suivantes :

a) Par la location des navires ; *b*) par le produit de ses exportations de marchandises et la vente des cargaisons des navires allemands actuellement en pays neutres ; *c*) par ses crédits dans les pays neutres ; *d*) *par la vente des valeurs étrangères ou de biens à l'étranger* ; *e*) par des avances obtenues sur la garantie de valeurs étrangères ou de propriétés à l'étranger ; *f*) en outre, *l'or* pourra être également employé comme garantie d'emprunts, garantie qui sera libérée au fur et à mesure que les autres moyens de paiement fourniront les moyens de liquider ces emprunts. La vente de l'or ne pourra être permise que dans le cas où les Puissances associées seront d'accord sur l'insuffisance des moyens de paiement sus-mentionnés. »

Ce texte était d'une exceptionnelle gravité ; une formidable bataille s'engage : le Président Wilson a dû repartir pour les Etats-Unis ; c'est Lloyd George qui livre l'assaut. Il rappelle que l'on a déjà, une première fois, discuté la question, que j'ai formulé à peu près les mêmes objections. Il veut qu'on « décide une bonne fois aujourd'hui que les populations allemandes doivent être ravitaillées ; car, sans cela, il y aura tôt ou tard une révolution en Europe contre laquelle tous seront impuissants. »

LE SPECTRE BOLCHEVISTE.

Clemenceau répond qu'il est d'avis de ravitailler l'Allemagne, mais qu'elle joue du bolchevisme.

Il n'y a pas qu'elle, hélas ! qui agite ce spectre !

Il déclare sans ménagement, et ce sont des paroles prophétiques : « M. Lloyd George a dit : il faut que les conditions de l'armistice soient observées. Eh bien ! elles ne sont pas observées par les Allemands aujourd'hui. Ils s'étaient engagés à nous remettre leur flotte commerciale et ils ne nous la remettent pas. Je crois que c'est, de leur part, un moyen de chantage sur nous ; je crois qu'ils veulent faire *l'épreuve de notre patience*, voir jusqu'à quelle extrémité on peut nous amener et se rendre compte enfin si nous avons peur, *afin d'obtenir des concessions* et pour en demander d'autres. *Si nous cédons un jour, nous céderons le lendemain et le surlendemain...* Reste la question du paiement en or qui est capitale... Il est dit quelque part dans un livre sacré : « Qui ne travaille pas ne mange pas. » Je veux être sûr qu'on travaille en Allemagne. Klotz, Loucheur et Clémentel ne sont pas des barbares et je suis persuadé qu'ils se laisseraient fléchir, si cette démonstration était faite. Mais j'insiste pour que nous fassions savoir aux Allemands que nous ne leur permettrons pas de nous tromper. »

Lloyd George, lui, insiste pour qu'on commence le plus tôt possible le ravitaillement de l'Allemagne et, en ce qui concerne les modes de paiement, il espère que le ministre français des Finances ne maintiendra pas son opposition et qu'il voudra bien penser que se dresse en ce moment devant nous le grave problème du bolchevisme.

Encore, toujours le même jeu ! Je ne me laisse point

ébranler. Je déclare « qu'il m'est impossible d'aller plus loin que ce que j'ai proposé, sans compromettre les intérêts dont j'ai la charge. »

Alors Lloyd George riposte, la voix coupante, le visage un peu crispé, que cette opposition constante doit cesser, sans quoi M. Klotz pourrait compter parmi ceux qui ont le plus fait, « plus que Lénine et que Trotsky, pour propager le bolchevisme ».

La hantise de la révolution rendait le Premier anglais bien injustement agressif: j'ai toujours eu une trop complète confiance dans le bon sens français pour redouter jamais ce que craignait si fort — en apparence du moins — mon accusateur bénévole.

M. House, qui remplaçait le Président Wilson, dit avec douceur et comme à regret qu'il lui est désagréable de faire quoi que ce soit qui puisse déplaire à la France ; mais il pense qu'à moins que le texte ne soit adopté *tel qu'il est*, nous n'avons pas de moyens d'en sortir.

« Moi non plus, s'écrie Clemenceau, l'œil ardent, la parole vibrante, je ne vois pas de moyens d'en sortir. Mon pays a été ruiné, ravagé, comme aucun pays dans le monde ne l'a été. C'est nous qui avons supporté le plus grand poids de la guerre ; nous avons perdu deux millions d'hommes ; nos mines sont détruites ; notre commerce, notre industrie, notre agriculture dans la partie de la France la plus riche, ont disparu. Quelles garanties avons-nous pour cela ? Quelques morceaux d'or et quelques créances en Allemagne. Sous prétexte qu'il faut ravitailler l'Allemagne tout de suite, on nous demande de donner ces garanties à ceux qui vont fournir les marchandises dont l'Allemagne a besoin. Je ne sais pas où ils sont ; mais ils ne sont pas en France, c'est sûr. Sans trahir mon pays, je ne peux pas faire une chose pareille. »

Interrogé par lord Robert Cecil, j'indique que l'or allemand représente une somme de 2 milliards 500 millions, tandis que les valeurs étrangères représentent environ 8 milliards. Alors Loucheur, voyant que l'on marchait vers la rupture, sauvant au surplus les neuf dixièmes des gages sur lesquels les marchands américains et anglais voulaient faire mettre la main, propose qu'on ne sorte pas de la salle — le Cabinet même du ministre des Affaires étrangères — sans avoir décidé qu'on ouvrira un crédit d'un milliard en or et en valeurs. Cette suggestion est approuvée par l'assemblée.

C'est de tels combats que la France devait affronter au lendemain même des hostilités, et c'était de ses amis mêmes qu'elle soutenait le choc.

D'autres tentatives d'origine identique et d'intérêt analogue ne devaient pas tarder à nous assaillir, à l'heure où l'on préparait les conditions de la paix.

CHAPITRE XIII

FINANCE INTERALLIÉ

Si le commandement militaire unique ne fut institué que plus de trois ans après le début des hostilités, la coopération financière interalliée rencontra beaucoup de résistance, quelquefois même, au cours des premières années, de la part du Gouvernement français qui semblait alors tenir à l'autonomie de sa trésorerie.

LA COOPÉRATION.

Mais tout le premier semestre de 1918 fut rempli par les efforts accomplis, presque toujours sur notre initiative, pour arriver à une coordination complète de l'action des Alliés en matière de paiements au dehors. La nécessité de cette coordination ne fut pas admise sans des débats fréquents et parfois épineux. Néanmoins on parvint, dans l'ensemble, à une politique d'accord et cette politique eut immédiatement des résultats considérables.

Dès les premiers mois de l'entrée en guerre des États-Unis, leur action ajoutée à celle de la France et de la Grande-Bretagne permit d'obtenir de la République Argentine un crédit de 200 millions de pesos, soit un milliard de francs au pair, qui régla pour deux campagnes toutes les difficultés d'approvisionnement allié dans ce pays. Ici, je dois un souvenir tout particulier à M. de Alvear qui représentait sa grande et noble nation auprès de nous avec tant de distinction que ses compatriotes n'ont pas tardé à lui confier la première magistrature du pays. Il fut un des meilleurs ouvriers de cet accord utile.

L'obtention du crédit argentin fut d'ailleurs suivie de la création d'un système d'achat commun qui permit d'utiliser les fonds dans les conditions les meilleures.

Pareille conjonction d'efforts fut réalisée en Espagne où elle eut un effet décisif — et notre grand ami, l'éminent ambassadeur Quinonès de Léon n'y fut certes pas étranger — et où elle se traduisit, en outre, par la défense *commune* du franc, de la livre et du dollar.

On arriva, dans les mêmes conditions, à résoudre le problème particulièrement difficile de l'assurance et du paiement du fret des navires scandinaves et on parvint à la réalisation d'un accord avec la Suède comportant, lui aussi, un crédit intéressant et précieux.

Je peux enfin mentionner l'accord établi entre les trois Trésoreries pour soutenir le change italien en répartissant entre la France, le Grande-Bretagne et les Etats-Unis les paiements en devises étrangères que nos alliés italiens étaient obligés de faire en différents pays. Ce dernier accord, poursuivi avec tant de perspicacité et d'intelligence par le comte Bonin-Longare, l'ambassadeur de l'époque, en permettant un relèvement sensible de la lire, a rendu possible à l'Italie le maintien de son action militaire.

C'est aussi grâce à l'effort concerté, accompli en faveur de la Grèce par les États-Unis, la Grande-Bretagne et la France, que le concours de la Grèce de Venizelos a pu être utilisé pour la campagne des Balkans.

Tous ces succès à l'actif de la politique de coopération étaient présents à l'esprit des négociateurs français, lorsqu'au printemps de 1919 ils souhaitaient de convaincre l'Angleterre de ne pas rompre brutalement une solidarité qui s'était montrée si efficace et que les difficultés consécutives à la guerre ne cessaient pas de justifier.

RUPTURE DES ACCORDS DE CHANGE.

La première indication d'un desserrement possible de la coopération financière entre la France et de la Grande-Bretagne fut recueillie au cours d'un voyage à Londres de mes distingués collaborateurs Sergent et Célier, au commencement de novembre 1918.

La posture très intransigeante de la Banque d'Angleterre, soutenant que les remboursements de la Banque de France devaient commencer sans délai, l'attitude prise à l'égard de ce conflit par sir John Bradbury — déjà sir John se révèle — alors secrétaire permanent de la Trésorerie, aujourd'hui délégué de la Grande-Bretagne à la Commission des réparations, avaient donné aux représentants français l'impression très nette que la Grande-Bretagne était soucieuse de se dégager le plus rapidement possible des fardeaux financiers qu'elle avait acceptés dans l'intérêt commun. Un entretien avec M. Bonar Law, à cette époque encore chancelier de l'Echiquier, tout en permettant de constater les dispositions amicales de cet homme d'État à l'égard de notre pays, ne dissipa pas d'une manière complète l'impression laissée par les pourparlers avec ses collaborateurs.

M. Bonar Law fit remarquer que le change français s'était amélioré au delà de toute prévision, que certai-

moment, dès la fin des hostilités, un grand afflux de visi-
teurs étrangers viendrait apporter en France de très
larges ressources et que, dans ces conditions, notre pays
pourrait, à une échéance qu'il était prématuré de fixer,
mais qui ne saurait être éloignée, suffire lui-même à
tous ses besoins et se passer d'une aide au sujet de laquelle
M. Bonar Law, destiné à quitter assez promptement le
poste de chancelier de l'Echiquier, ne pouvait prendre
aucun engagement, mais qu'il savait ne pas devoir être
indéfiniment prolongée.

CRÉDITS COUPÉS.

Alors que le représentant du Trésor à Londres, M. Ave-
nol, était parti pour la Hollande, brusquement la Trésorerie britannique, le 3 janvier, décide de nous couper les
crédits, pendant que nous sommes en pourparlers au
sujet de nos comptes. Cette affaire était de la dernière
gravité.

Matériellement, comment pouvions-nous effectuer, le
lendemain, nos paiements en Angleterre ? Moralement,
quelles conséquences entraînait cet abandon public de la
France par son alliée, au moment où nous sortions épuisés de la lutte soutenue en commun, au moment où les
grandes lignes du traité de paix devaient être déterminées ?

Le Gouvernement français agit à Londres ; il obtient de
M. Bonar Law que le *modus vivendi* antérieur ne soit pas
encore interrompu ; on envisage de prochaines conversations que j'avais offertes, *dès le mois d'octobre 1918*, avant
même l'armistice, non seulement aux Anglais, mais également à la Trésorerie fédérale.

LA COURSE AUX DOLLARS.

Etait-ce par esprit d'hostilité, par mauvais vouloir que la Trésorerie britannique avait créé cette difficulté momentanée qui ne devait pas tarder à renaître ? Non, elle avait besoin de dollars et elle entendait que nous soyons les garants des facilités qu'elle désirait trouver à Washington. M. Rathbone, qui remplissait des fonctions analogues à celles d'un sous-secrétaire d'Etat, avait bien voulu faire connaître, dès le mois de février, au délégué de la France, que les Etats-Unis n'avaient jamais manifesté l'intention de retirer leur concours financier à la Trésorerie britannique, qu'ils croyaient savoir que celle-ci disposait encore d'une encaisse importante à New-York, qu'ils ne concevaient pas qu'elle pût arguer de l'état de ses affaires à Washington pour opposer un refus de crédit à la France et qu'ils considéraient, d'une manière générale, que subsiste l'obligation morale pour chaque pays de prêter son assistance financière aux autres Alliés en ce qui concerne les paiements à faire dans ledit pays.

Excellent langage !

L'entretien commun projeté paraissait donc susceptible de s'engager dans des conditions favorables. Mais quelques semaines étaient nécessaires pour arriver à un résultat.

Les propositions de la Trésorerie britannique n'étaient malheureusement pas susceptibles d'atteindre ce but, puisqu'elles aboutissaient *à faire dépendre entièrement nos ressources à Londres du concours que nous obtiendrons préalablement des Etats-Unis.* C'était là une pétition de principe évidente.

KEYNES LE GERMANOPHILE.

A Londres, s'exerçait contre nous une détestable influence. M. Bonar Law étant devenu le leader de la Chambre des Communes, M. Austen Chamberlain l'avait, vers la mi-janvier, remplacé à la Trésorerie britannique.

N'étant pas au courant des questions de finance interalliée qui avaient été débattues pendant la guerre, il subit plus qu'aucun autre l'ascendant qu'avait pris un brillant universitaire de Cambridge, à tendances germaniques et bolchevistes, Keynes, avec lequel mon prédécesseur, l'aimable et conciliant Thierry, avait déclaré ne plus vouloir rester en relations. Cet homme de haute valeur, je le reconnais, mais d'opinion si hostile aux intérêts français, aussi bien avant que pendant et après la Conférence de la paix, avait la haute main sur la Trésorerie britannique, dont le récent titulaire ne possédait pas encore tous les rouages. Le vrai chancelier de l'Echiquier, c'était Keynes. Investi par son nouveau patron, encore insuffisamment informé, d'une autorité accrue, il obligea Austen Chamberlain à nous refuser tout crédit sous la pression des combinaisons américaines qu'il recherchait et ce à la légitime émotion du Gouvernement français.

LA LIVRE A 50 FRANCS.

Une conférence préconisée par Austen Chamberlain eut lieu à Paris, le 19 février, entre les représentants des trois Trésoreries, M. Keynes, naturellement, MM. Norman Davis et Strauss pour les Etats-Unis, Célier pour la France.

Que fit Keynes? Tout de suite, il objecta que la livre

n'était pas cotée sur le marché à sa valeur qui serait, à ses yeux, de *cinquante francs.* Cette mégalomanie monétaire est la vraie cause de la catastrophe financière qui s'est abattue sur l'Univers.

Les représentants des Etats-Unis, avec un grand bon sens, firent aussitôt remarquer que le cours de cinquante francs serait arbitraire et aussi difficile à maintenir que celui de vingt-six, qu'au surplus *aucune solution du problème posé ne pouvait être trouvée dans une détérioration du change français.*

Keynes alors abattit son jeu : il demanda si, dans le cas où la Grande-Bretagne consentirait un prêt à la France et s'exposerait ainsi à des embarras, elle pouvait compter sur l'assistance financière des Etats-Unis. M. Norman Davis — mieux inspiré ici qu'ailleurs — répondit que si la Grande-Bretagne avançait à la France des livres pour les dépenses de celle-ci en territoire britannique, ils étaient prêts à envisager le concours dont la Grande-Bretagne pouvait avoir besoin pour ses propres dépenses aux États-Unis. Tout au moins, pour le règlement des cessions consenties à la France pendant la guerre par les Départements britanniques, la Trésorerie britannique pouvait sans inconvénient, estimait M. Norman Davis, nous faire crédit.

Keynes déclara que cette réponse ne le satisfaisait point ; il se refusa à envisager *aucune* combinaison et annonça son départ pour Londres, sans laisser espérer que la conversation pourrait être reprise utilement.

L'ABANDON.

Attitude atroce vis-à-vis d'un allié, surtout si on la compare à certaines complaisances, à l'égard de l'ennemi !

Devait-on en conclure que la Grande-Bretagne elle-même, entraînée par Keynes, était froidement résolue à abandonner, dès le soir de la bataille, le compagnon de lutte que ses blessures empêchaient pour le moment de se relever ? C'était là une question de gouvernement au premier chef et toute conférence entre spécialistes devenait superflue.

MM. Norman Davis et Strauss y avaient, eux, participé dans l'esprit le plus amical. C'est dans le même sentiment que le colonel House, quelques jours après, déclarait, à la suite d'une démarche utile de Tardieu au nom de Clemenceau, que la question lui paraissait mettre en jeu le principe même de la solidarité financière entre les trois Gouvernements, téléphonait à M. Lloyd George pour que le Gouvernement anglais maintînt son concours à la France jusqu'à l'issue d'une conférence à laquelle participerait M. Austen Chamberlain lui-même, auprès de qui une démarche analogue était tentée par M. Norman Davis.

Le Gouvernement français s'étant efforcé de faire valoir les avantages supérieurs que présentait le maintien, pendant la période subséquente à la guerre, d'une collaboration dont les bons effets étaient éclatants, M. Austen Chamberlain vint enfin à Paris pour traiter la question dans les premiers jours de mars, au cours de la période même où s'agitaient par ailleurs tant de grands intérêts et de passions...

M. Austen Chamberlain acceptait de continuer son concours pour une somme très limitée ; mais il se montrait absolument intraitable sur l'abandon de la politique qui avait permis jusqu'à ce jour de faire face à l'intégralité des besoins. Au cours même des pourparlers, sans modifier en rien son attitude sur le fond, M. Austen Chamberlain tint à fournir encore un concours de 2 millions de livres.

LA RESPONSABILITÉ.

Estimant que la question ainsi posée intéressait l'ensemble des Alliés, le ministre français des Finances demanda à M. Austen Chamberlain de se rencontrer avec lui chez le colonel House. L'entrevue, à laquelle assistait M. Norman Davis, eut lieu dans l'appartement du colonel House, à l'hôtel Crillon. Le colonel House et M. Norman Davis joignirent leurs efforts à ceux du ministre français ; ils déclarèrent que, sans pouvoir dépasser le concours précédemment fourni, les Etats-Unis étaient entièrement prêts à le continuer, si l'Angleterre voulait bien poursuivre le sien et ils firent sur cette dernière toute l'amicale pression qu'on attendait d'eux. Ils ne purent cependant décider M. Austen Chamberlain, médusé par Keynes ; le chancelier de l'Echiquier repartit pour Londres sans s'être laissé convaincre.

Cette défection mit le Trésor français dans l'impossibilité de poursuivre ses interventions sur le change. Elle marqua le *point de depart* d'une rupture générale de l'équilibre du marché des devises — prévue d'ailleurs par le colonel House en cet entretien historique où il envisagea les crises de chômage et de commerce certaines dans les pays à change élevé — rupture qui entraîna la chute du franc, qui fut la cause prépondérante du désordre économique dans lequel le Monde entier se trouva plongé dès la fin de l'année 1919 et, depuis lors, chaque jour avec plus d'intensité. Un Keynes y a suffi !

CHAPITRE XIV

LES DETTES INTERALLIÉES

La conception d'arrangements simultanés, destinés à régler les dettes et créances respectives des Alliés, paraissait conforme à la justice. Il y avait le plus grand intérêt à ce que la question du terme des avances qu'ils s'étaient réciproquement consenties fût examinée d'ensemble, de façon à obtenir un équitable arrangement pour tous.

Mis au courant par le Haut Commissaire français à Washington des intentions du Gouvernement américain relativement à l'échéance de nos obligations, je n'hésitai pas à faire connaître notre point de vue, et ce, dès le 18 décembre 1918, un mois après la signature de l'armistice, six mois avant la signature de la paix. « Notre pays, ai-je très formellement précisé au nom du Gouvernement, ne pourra envisager la libération de sa dette que du jour où le traité de paix lui aura *effectivement* assuré les réparations qui lui sont dues et où sa reconstitution économique lui fournira les moyens financiers nécessaires : tant que les conditions de paix ne seront pas connues et *réalisées*, tant que cette reconstitution ne sera pas *accomplie*, non seulement nous ne pourrons rembourser les avances qui nous ont été consenties, mais nous serons encore dans l'obligation de faire appel au concours de nos Alliés. »

Cette position toute naturelle de la France a-t-elle été maintenue, modifiée par les Gouvernements successifs ? En tout cas elle était la seule, semble-t-il, qui fût à la fois logique et correcte : elle n'avait soulevé ni contestations, ni protestations.

Il en alla tout autrement, lors d'un incident fameux qui se produisit à l'occasion des travaux de la Conférence de la paix, toujours en cette même période, si hérissée de difficultés concomitantes d'ordres intérieur et interallié, qui se déroula dans la première quinzaine de mars 1919.

UNE PROPOSITION ITALIENNE.

Le Conseil suprême des Alliés avait décidé, vers la fin de janvier, de charger une Commisson de *dresser la liste* de toutes les questions financières — autres que les réparations — qui devraient être examinées et résolues au cours de la Conférence de la paix. Il ne s'agissait pas de proposer des décisions, mais de dresser une sorte de *table des matières.* Cinq membres furent désignés: M. Albert Strauss, représentant les Etats-Unis ; M. Montagu, — alors secrétaire d'Etat pour l'Inde, — représentant l'Empire britannique ; M. Klotz, représentant la France ; M. Antonio Salandra, ancien Président du Conseil, — qui, tombé malade, fut bientôt remplacé par M. Crespi, alors Ministre du ravitaillement, — représentant l'Italie ; M. Kengo Mori, attaché commercial, représentant le Japon.

Il restait entendu que le Conseil suprême devait ultérieurement statuer sur les propositions, écarter les unes, retenir les autres et, dans ce dernier cas, déterminer l'organisme auquel l'examen serait confié.

Chaque délégué fut chargé de dresser une liste. Il arriva que la délégation italienne proposa que la *répartition entre les Alliés de l'ensemble des charges de la guerre* fût inscrite sur la liste. Les représentants des États-Unis et de l'Empire britannique ayant présenté, au cours de la séance du 20 février, des observations *préjudicielles*, je me permis de demander que la proposition italienne ne fût pas écartée *a priori*. Je fis remarquer qu'il ne s'agissait que d'établir une nomenclature, que l'inscription de la proposition italienne ne préjugeait en rien la décision qui appartenait au Conseil suprême et qu'il convenait de laisser à ce dernier l'occasion et la possibilité de se prononcer.

L'ATTITUDE DES ÉTATS-UNIS.

Quelle ne fut pas notre stupeur, lorsque notre Haut Commissariat à Washington me communiqua, le 8 mars, une lettre de la Trésorerie des États-Unis où M. Rathbone manifestait sa surprise au sujet de l'attitude prise par le délégué français. Il annonçait de la façon *la plus solennelle* que la Trésorerie, qui a une autorité absolue, conférée par le Congrès, en matière de prêts consentis par elle à des Gouvernements étrangers, se refusera à *toute discussion à la Conference de la paix ou ailleurs* d'un projet ou d'un accord ayant pour objet la *libération*, la *consolidation ou une nouvelle répartition* des obligations de Gouvernements étrangers détenues par les États-Unis ; que la Trésorerie ne peut songer à *continuer des avances à aucun Gouvernement* allié favorable à un projet qui aurait pour résultat de rendre incer-

tain le paiement à maturité des avances consenties par
elle.

Coupable d'avoir, par l'organe de son délégué, appuyé
non même une proposition, mais l'inscription d'une proposition dans une nomenclature, la France se voyait
menacée de ne plus recevoir les avances américaines.

Comment furent donc punis ou tancés les Italiens qui
avaient eu l'audace de l'initiative ?

On voit avec quelle légitime âpreté les Américains
défendaient ici leur Trésorerie, tout comme à la réunion de
Trèves et au Conseil suprême, à la même date, pour le
ravitaillement de l'Allemagne, qui préoccupait les ven-
deurs au moins autant que l'acheteur ; tout comme au
cours de la Conférence de la paix où ils repoussaient un
projet Lloyd George, analogue à la proposition italienne.

UN CANON AU PRIX DE L'ACIER.

Je comprends à merveille pourquoi l'un des experts
financiers, qui avait la confiance du Président Wilson, l'aimable M. Baruch, en me rendant visite un dimanche matin
et en insistant sur les difficultés des problèmes — afin peut-
être de m'amener à composition — me dit avec une sincé-
rité dont je lui reste reconnaissant : « Vous êtes l'homme
le plus à plaindre du Monde entier. »

En tenant ce langage, il apercevait la route, semée d'em-
bûches et de précipices, où l'Univers serait entraîné par les
marchands de conserves et par les marchands d'or ! Il se
rendait compte de l'esprit dans lequel on résoudrait les difficultés de la paix ! Il savait que l'égoïsme farouche de la
finance internationale voudrait imposer sa loi. Il connaissait l'intransigeance avec laquelle on traite les affaires. Un

exemple de cet esprit d'affaires bien caractéristique me revient à l'esprit.

Les Américains qui étaient arrivés en si grand nombre — dix mille par jour — se battre sur notre sol avec un si réel courage, avaient eu besoin de canons, de mitrailleuses, de projectiles, fabriqués souvent avec de l'acier en provenance d'Amérique. Le prix de cet acier, nous le leur devions ; le prix de nos canons, de nos mitrailleuses, de nos projectiles, ils nous le devaient. Une équitable compensation s'imposait.

Une Commission américaine, dirigée par le juge Parker, fut habilitée à travailler avec une Commission française dirigée par le consciencieux et loyal Paul Morel, alors sous-secrétaire d'Etat aux Finances, assisté d'un très distingué inspecteur des finances, Frédéric-Bloch. Avec une absolue bonne foi et une égale obstination, en tenant compte de la valeur du dollar, le juge Parker n'émettait-il pas la prétention de payer le *produit fabriqué* au prix même de la *matière première* ? Paul Morel et moi refusâmes avec énergie de souscrire à pareille prétention. Le juge Parker, en septembre 1919, annonça son départ. Rien n'y fit ; nous tînmes bon et un arrangement convenable finit par être passé. Mais quelle étrange mentalité que celle qui peut conduire de braves gens et les représentants d'un grand peuple à soutenir, auprès d'un allié, même à concevoir de pareilles exigences !

UNE SECTION FINANCIÈRE DE LA SOCIÉTÉ DES NATIONS.

A cette même Commission financière instituée par le Conseil suprême, où avait été produite la proposition italienne sur le règlement des dettes de guerre, les travaux avaient-ils été poursuivis dans un esprit d'union ?

Dès sa première séance, en date du 4 février, je rappelai que, le 27 janvier, le Conseil suprême avait décidé de lui renvoyer pour étude le projet d'une Section financière de la Société des Nations, présenté par moi deux jours avant à la Conférence de la Paix (1). M. Montagu fut désigné comme rapporteur.

La France, imaginant au surplus que le Président Wilson ne pourrait que porter intérêt à tout ce qui donnerait autorité, vie et action à la Société des nations dont il avait demandé l'institution, prenait en temps utile une initiative désirable.

Cette Section financière, conçue sur de larges bases, devait être munie d'attributions *administratives* et exercer un contrôle supérieur et permanent sur toutes les Commissions internationales ou organismes de contrôle financier présents et futurs ; d'attributions *juridictionnelles* pour interpréter les clauses financières et économiques des traités de paix et pour juger en dernier ressort les litiges de même nature qui pourraient naître de l'application des dispositions contractuelles ; d'attributions *financières*, par exemple, en facilitant les compensations entre les Etats qui se trouvaient respectivement créanciers et débiteurs, en ayant la faculté de faire aux Etats représentés certaines avances.

CE QU'IL EN ADVINT.

Le 26 février, M. Montagu présenta un rapport favorable au principe qui, deux jours après, fut adopté *à l'unanimité*. Restaient à fixer les modalités d'exécution. Finalement, elles furent déterminées par une résolution prise le 26 mars.

(1) Voir annexe II, p. 197. PROJET D'UNE SECTION FINANCIÈRE DE LA LIGUE DES NATIONS, *4 février 1919 : Conférence de la Paix*.

Le principe de l'existence de la Section financière de la Société des Nations était proclamé ; la Section était chargée notamment de donner son avis à la Société des Nations sur toute question financière qui lui serait soumise ; de préparer la décision de la Cour judiciaire de la Société des Nations sur les questions financières qui se poseraient par suite d'un désaccord international ; de nommer toute Commission financière internationale dont la réunion serait édictée par la Société des Nations et d'exercer sur elle tel contrôle que la Société pourrait ordonner ; de convoquer des conférences internationales auxquelles les Etats non membres de la Société pourraient prendre part pour la discussion des questions financières d'un intérêt international. D'autres attributions plus complètes lui étaient éventuellement réservées.

La Conférence de la Paix, dans sa séance plénière du 28 avril 1919, adopta les conclusions de la Commission financière et décida, sur ma proposition, que la Société des Nations, elle-même, serait saisie de la question.

Or, un an après, presque jour pour jour, j'écrivais, en qualité de président de la sous-Commission chargée par la Commission des Finances de la Chambre de suivre l'exécution des traités de paix, au Président du Conseil, ministre des Affaires étrangères de l'époque, une lettre relative à la constitution de la Section financière de la Société des Nations et je recevais de lui une réponse où il me disait qu'il s'empressait d'envoyer une copie de ma communication à M. Léon Bourgeois — dont on connaît l'ardeur à servir la cause française — et « qu'il faisait *mettre immédiatement la question à l'étude par le Service compétent* » de son département.

Le Traité de Versailles étant en vigueur depuis plusieurs mois, le Quai d'Orsay avait-il dû attendre un rap-

pel à l'ordre pour « mettre à l'étude », une question de
cette importance ?

DES TAXES INTERNATIONALES ?

Quant à la proposition relative à la liquidation des frais
de guerre que j'avais déposée le 12 avril (1), au sujet de
laquelle les délégations des États-Unis et de l'Empire
britannique n'avaient formulé que des réserves, qu'est-elle
devenue ?

Le projet de convention comportait qu'une régie générale était chargée de la liquidation des frais de guerre
des États alliés, associés et neutres, qui seraient supportés
en commun par *l'ensemble* des nations où seraient instituées — sous réserve de la souveraineté de chacune
d'elles — des taxes, basées sur des taux uniformes, *à la
production, sur les principales matières premières et sur
les principaux produits naturels ;*

*Sur les communications postales, télégraphiques, télé-
phoniques ;*

Sur les transports des voyageurs par terre, mer ou air.

*Ces taxes devaient être perçues dans les États ex-enne-
mis à un tarif supérieur.*

Etaient considérées comme dépenses de guerre, celles
représentées par les soldes et indemnités, l'entretien et
les transports des officiers et hommes de troupe des
armées de terre et de mer ; la fabrication, l'acquisition et
l'entretien du matériel militaire de toute sorte des armées
de terre et de mer et des chevaux ; les travaux militaires ;
les allocations aux familles des mobilisés.

(1) Voir annexe III, p. 203. AVANT PROJET DE LIQUIDATION DES
FRAIS DE GUERRE *(Conférence de la Paix, 12 août 1919).*

Ces taxes auraient déterminé un sacrifice annuel d'environ cinquante francs-or en moyenne, par tête d'habitant, jusqu'à la liquidation. Les libres citoyens des États-Unis, les gentlemen de la Grande-Bretagne, les contribuables de M. de Lasteyrie, voire de tous les États sans exception, ne peuvent-ils pas regretter que la suggestion n'ait pas encore été reprise?

CHAPITRE XV

SUR LES RÉPARATIONS

Au palais du Louvre, dans le grand salon d'angle du Ministère des Finances, qui donne sur la place du Carrousel, d'où l'on aperçoit le plus charmant des arcs de triomphe et la statue évocatrice de Gambetta — sur le socle de laquelle on peut lire les paroles prononcées à Cherbourg en août 1880 : « Les grandes réparations peuvent sortir du droit. Nous ou nos enfants pouvons les espérer, car l'avenir n'est interdit à personne » — siège une grande Commission de vingt-sept membres nommée par la Conférence de la Paix pour l'étude de la réparation des dommages. Des conseillers techniques et des experts ont été désignés par les Puissances pour prendre part aux travaux des sous-Commissions dont le nombre est fixé à trois. La première sous-Commission s'occupe de *l'évaluation des dommages*, la deuxième, de la *capacité financière des Etats ennemis* et des *moyens de paiement et de réparation*, la troisième, des *mesures de contrôle et des garanties*.

LES ANGLAIS.

Tandis que la présidence de la Commission a été confiée au ministre des Finances de la République française, la présidence des trois sous-Commissions a été donnée aux trois représentants de l'Empire britannique, lord Sumner, un jurisconsulte remarquable, d'une intelligence souple, d'un tempérament droit, lord Cunliffe, alors gouverneur de la Banque d'Angleterre, fort conciliant et aimable, M. Hughes, Premier ministre d'Australie, une des physionomies les plus passionnantes de la Conférence elle-même. Homme d'une énergie indomptable, tour à tour répétiteur, cuisinier, marin, toucheur de bœufs, marchand de journaux, de tabac, avocat, puis *leader* du parti *trade-unioniste* d'Australie, M. Hughes avait perdu l'ouïe, un certain soir qu'il lui fallut coucher en plein air, dans les montagnes, par un froid intense, après avoir passé la journée à griller dans la plaine, poussant devant lui d'immenses troupeaux.

Son bon sens, son courage et son éloquence lui donnèrent le pouvoir ; il nous arrivait avec tout son prestige.

Il fut un de nos rares amis à la Conférence britannique de l'Astoria et du Majestic. Seul, parmi ses compatriotes, il tint tête à Lloyd George en maintes occasions et déclara que *rien ne valait de faire de la peine à la France et de risquer une brouille avec elle.*

Ce diable de grand homme, qui ne se déplaçait qu'accompagné d'un appareil portatif destiné à lui faciliter l'audition, fermait cet appareil avec dédain lorsque son interlocuteur lui déplaisait ; il vivait alors sur lui-même d'une existence méditative intense, à l'abri de tout bruit extérieur.

Il faisait peur vraiment, presque seul entre tous, à Lloyd George lui-même ; mais il n'avait, lui, peur de personne, pas même du Président Wilson, qui bientôt ne voulut plus siéger à ses côtés.

QUELQUE CHOSE A MANGER.

Était-ce parce que dans une séance, à l'occasion du mandat sur une colonie allemande, le Premier australien avait fait une délicieuse plaisanterie ?

M. Hughes, ayant accepté en principe le mandat sur l'île en question, Wilson lui demanda s'il serait disposé à en faciliter l'accès aux missionnaires américains.

Après une pause et une feinte d'hésitation, M. Hughes répondit cordialement : « Mais oui, avec le plus grand plaisir. »

Wilson, surpris du ton gracieux de M. Hughes, lui adressa un petit discours aimable, le remerciant de ses bons sentiments et soulignant que tout serait ainsi pour le mieux dans l'intérêt même des habitants de l'île. Quand il eut fini, M. Hughes ajouta avec un sourire goguenard : « Yes, poor people, we must give them something to eat. » (Oui, pauvres gens, il faut leur donner quelque chose à manger).

Wilson ignorait les mœurs de ces cannibales !...

LE COUT DE LA GUERRE.

C'est ce même Hughes qui, dans un mémorandum présenté par la délégation britannique, n'hésita pas à proclamer immédiatement notre *droit absolu d'exiger le paiement intégral du coût de la guerre.*

Son collègue lord Sumner, de son côté, affirme que, d'après le droit international, le vainqueur a le droit d'imposer au vaincu le paiement des frais de guerre.

Les Américains, représentés par MM. Baruch, Président du *War Industries Board*, Mac Cormick, Président du *War Trade Board*, M. Norman Davis, commissaire finan-

cier, déjà nommé, assistés de M. Dulles, un des esprits les
plus juridiques et les plus clairs que j'aie rencontrés, com-
battent cette thèse. Ils se prononcent pour la seule réparation, mais pour « l'intégralité de la réparation des dommages. »

LA THÈSE FRANÇAISE.

Le projet de la délégation française, déposé, dès l'ouverture des travaux de la Commission, le 1er février 1919 (1),
affirme, lui aussi, que l'Allemagne doit réparer l'intégralité des dommages qu'elle a causés. Ce document s'appuie
sur le droit allemand lui-même — dont se réclame si souvent le Reich — qui proclame que celui qui, par sa faute,
a porté atteinte « à la vie, au corps, à la santé, à la liberté,
à la propriété et à tout droit d'un autre » (art. 823 du code
civil allemand) doit être condamné de ce chef *à rétablir
l'ordre de choses* qui aurait existé, si la circonstance ayant
donné lieu à l'obligation, ne fût pas survenue » (art. 249
du même code). Mais, ajoute la France, « si tous les créanciers de l'Allemagne sont également dignes d'intérêt et
doivent être placés sur le même plan, il n'en est pas de
même de toutes les catégories de créances. Certaines ont
droit à un *ordre privilégié*. Le privilège d'une créance,
c'est le droit qu'elle possède, en raison de *sa qualité* et
indépendamment de la personne du créancier, d'être payée
par préférence à toute autre. »

Et quand, le 15 février 1919, le Président de la Commission résume le débat, il propose la prise en considération
de ce texte :

(1) Voir annexe IV, p. 211. PRINCIPES DES RÉPARATIONS, *projet de
la délégation française. (Conférence de la Paix, 3 février 1919).*

Le droit des Puissances alliées et associées est intégral.

L'ennemi doit réparer tous les dommages, un rang de priorité étant réservé à certaines créances.

Il précise, au surplus, le 3 mars, en réponse aux assertions de M. Dulles, qu'il n'a jamais soutenu le principe de réparations illimitées, mais seulement le *droit illimité à la réparation des dommages.*

Cependant les rapports des sous-Commissions sont préparés, rédigés et communiqués avec les travaux mêmes de la Commission au Conseil suprême, dit Conseil des Quatre, composé seulement des quatre Premiers Ministres des grandes Puissances.

Commissions et sous-Commissions avaient tenu en moins de trois mois quatre-vingts séances.

AU CONSEIL DES QUATRE.

Le Conseil des Quatre s'occupa des réparations au cours de ses réunions vers la fin de mars ; MM. Loucheur et Klotz y furent entendus. Il n'y eut d'abord que des discussions d'ordre général ; c'est au cours d'une de ces séances que M. Lloyd George soutint un moment que le coût des réparations de la France dévastée n'excéderait pas trente milliards de francs ! On voit qu'il était bien renseigné !

Mais, le 28 mars, dans la matinée, la discussion fut orientée de façon plus précise par le dépôt que je fis d'un avant-projet de clauses financières à imposer à l'Allemagne (1) : c'était une base concrète sur laquelle les négociations devaient désormais s'engager et se poursuivre sans

(1) Voir annexe V page 215. DISPOSITIONS A IMPOSER A L'ALLE-MAGNE (CLAUSES FINANCIÈRES), *avant projet français (Conférence de la Paix, 28 mars 1919).*

arrêt. Ce document avait été préparé, au Ministère des Finances, sous ma direction, au cours de conférences dont les membres — Sergent, Luquet, Celier, de Lasteyrie, Petit, de la Chaume, Jouassel, Cheysson, Jacques Lyon, une véritable élite — ou bien participaient aux débats de la Commission des réparations et de ses sous-Commissions, ou bien se tenaient en rapport constant avec les délégués ou experts français. De la sorte, tantôt les conférences s'inspiraient des travaux de la Commission, tantôt la délégation française s'efforçait d'orienter les dits travaux dans le sens jugé opportun par ceux qui élaboraient l'avant-projet français.

Le lendemain soir, M. Lloyd George faisait connaître son avis sous la forme d'une note constituant un contre-projet. Mémoires, textes, répliques, additions, amendements s'entrecroisent chaque jour jusqu'à ce que, le 1er avril, soit constitué un comité d'experts qui, se mettant à la tâche, allait se substituer, auprès du Conseil des quatre chefs de Gouvernement, à la grande Commission des réparations laquelle, en fait, cessait d'exister.

LES DÉLAIS DE PAIEMENT.

Que de batailles s'y livrèrent et qui mériteraient d'être décrites ! Je ne puis résister à la tentation d'en citer une mémorable.

A peine vient-on de décider que les dommages devront être réparés « quelque dépense qui en puisse résulter pour les Etats ennemis », que l'on propose de n'exiger aucun paiement qui excède les possibilités de paiement de ces Etats pendant un délai déterminé, fixé à l'avance et de façon immuable. Il y a entre les deux dispositions une contradiction flagrante qui est choquante et même peu sincère : c'est un trompe-d'œil pour le public ; je ne l'accepte pas. Avec un pareil système, comment veut-on qu'un pays quelconque, ayant droit aux réparations, puisse faire des prévisions et établir un budget ? Je demande avec insistance à nos alliés de se rendre compte de la contradiction que je dénonce. Un des représentants de la Grande-Bretagne, M. Montagu, veut bien reconnaître la contradiction ; mais un autre de ses représentants, M. Keynes, veille et pose cette question : « Et si les Allemands objectent qu'ils ne peuvent pas payer, que fera-t-on ? »

LE FORFAIT.

La délégation française se refuse à envisager tout système qui aurait pour conséquence de faire supporter à ses concitoyens une fraction quelconque des charges incombant à l'Allemagne : les Américains de proposer qu'on fixe dans le traité le montant des sommes que l'Allemagne devra payer et en réalité — on va le voir — de lui faire remise de celles qu'elle n'aura pu acquitter au cours de la même période !...

LE VERRE TROUÉ.

Le lendemain, le combat reprend sur les délais de paiement, sur le forfait. Je déclare : « En tant que plénipotentiaire, je serai appelé à signer le traité de paix ; *or, je ne pourrai pas signer un acte qui contiendrait les dispositions qu'on nous soumet.* On commence par déclarer que l'Allemagne ne peut pas payer ; sur ce point, j'ai déjà fait mes réserves ; puis on dit : l'Allemagne paiera pour la réparation de tels dommages et on limite ces paiements à la capacité financière de l'Allemagne durant une période déterminée — capacité telle qu'elle se révélera aujourd'hui ? dans deux ans ? dans dix ans ? Quelle politique financière pourraient établir les pays intéressés avec des perspectives semblables ? En réalité, il faut prévoir une annuité progressive et le dire clairement. A quoi servait de discuter plusieurs jours de suite pour savoir si on comprendrait ou non les pensions militaires dans les dommages à réparer, si l'on était convaincu que l'Allemagne ne peut pas payer ? Après avoir proclamé le principe de la réparation des dommages, on reprend par ailleurs ce qu'on a semblé accorder et qui n'était qu'apparence. Le système est le même pour la provision : vingt-cinq milliards, qu'on reprend en grande partie, comme je l'ai déjà montré. Autant vaudrait essayer *d'emplir un verre troué* : tout fuit ! Maintenant, au moment où les travaux sont sur le point d'aboutir, on veut s'orienter vers *la solution la plus contraire aux intérêts français.* Le chef du Gouvernement français doit être informé ; nul doute qu'il ne partage mon opinion. »

Le débat devient émouvant. M. Montagu veut bien dire qu'il serait personnellement de mon avis, mais qu'il vient de recevoir des instructions précises pour la limitation à trente ans de la période de paiement.

Loucheur, qui appuie fortement dans mon sens, estime comme moi que la délégation française doit en référer immédiatement à M. Clemenceau.

Je pose une dernière question : Si le délai de trente ans est prescrit, et si la Commission reconnaît que l'Allemagne ne peut s'acquitter de sa dette au cours de ce délai, aurait-elle la possibilité de prolonger le délai ?

— Non, répond sèchement M. Norman Davis, représentant les États-Unis.

M. Montagu s'étonne, Keynes lui-même ; lord Sumner, qui représente le droit, fait entendre un langage que je n'oublierai jamais : « *Il n'y a pas d'exemple* d'une décision de justice qui, une dette ayant été reconnue payable dans un délai déterminé, considère cette dette comme remise à défaut du paiement dans le délai convenu. *Aucune doctrine juridique ne justifie cette manière de voir*. En fait, la proposition américaine, introduisant le délai de trente ans, crée une situation entièrement nouvelle. »

Loucheur et moi approuvons ces nobles paroles et allons trouver Clemenceau.

RÉSISTANCE FRANÇAISE.

Le soir même, je fais connaître à la Conférence, qui tient sa troisième séance de la journée, le point de vue adopté par la délégation française après consultation du Président du Conseil. « Le Gouvernement français, dis-je, est obligé de rappeler qu'il a déjà fait beaucoup de concessions en vue d'aboutir le plus promptement possible à un accord commun : aujourd'hui, il est au regret de déclarer qu'il considère comme *impossible* d'abandonner rien de plus : il ne saurait donc que s'en tenir aux déclarations que ses représentants ont déjà fait entendre... Le point de vue du Gouvernement français est définitif. »

Quelques instants après, Loucheur déclare à M. Norman Davis qui s'obstine : « Il ne faudrait pas oublier que les conséquences de la guerre provoquée par l'Allemagne, que le poids des actes commis par les autorités allemandes, la France et certaines de ses alliées les subiront pendant beaucoup plus de trente ans. Nous n'admettons pas — ce qui résulterait du système de M. Norman Davis — que l'Allemagne puisse éluder des charges qui retomberaient alors sur la France. »

Par cet épisode, on peut juger des efforts qu'il fallut accomplir pour mettre sur pied le traité lui-même ! Aussi bien, sur la *liste des dommages* à réparer, sur l'attribution d'*intérêts* légitimes aux Alliés, sur le paiement *en or* et non en papier, dûmes-nous subir de formidables assauts que la ténacité de la délégation française et en particulier de Clemenceau fit repousser. Sur tous ces projets, la question de confiance interalliée fut posée et nous aperçûmes à plusieurs reprises la *rupture*. Elle se serait certainement produite, si les exigences initiales de certains de nos alliés avaient été maintenues, exigences qui ont essayé de s'imposer, sans plus de succès, au lendemain de la réponse de Brockdorff-Rantzau aux propositions de paix, exigences qui se sont réveillées, depuis le départ de Clemenceau, pour prendre chaque jour plus d'acuité, comme par une sorte de revanche obstinée contre la France elle-même.

CHAPITRE XVI

DE BROCKDORFF-RANTZAU A SIR JOHN BRADBURY

GAGES ET GARANTIES.

Pour assurer l'exécution des clauses relatives aux réparations, quelles garanties le Traité avait-il données aux Puissances alliées ?

Un privilège de premier rang, établi par l'article 248 sur tous les biens et ressources de l'Empire et des Etats allemands. Quelle en a donc été la mise en œuvre au cours des trois dernières années ? Un privilège général, c'est un droit *réel*, dont le titulaire est armé pour le faire valoir d'une action *réelle*, entraînant un droit de *préférence* et un droit de *suite*.

Quelle action a-t-on engagée ? Quels droits a-t-on fait valoir ?

Un pouvoir pour les Gouvernements alliés de prendre respectivement des *sanctions économiques et financières*, avec la possibilité d'une coercition militaire, déterminé à l'annexe II de la partie VIII, paragraphes 17 et 18, avec encore l'obligation pour l'Allemagne de ne pas considérer ces représailles *comme des actes d'hostilité*, clauses qui ont été, en 1923 seulement, réveillées d'un lourd sommeil, alors pourtant que, le 24 mars 1921, la Commission des réparations avait, *à l'unanimité*, dans un document signé à la fois par Louis Dubois et sir John Bradbury — le même Bradbury qui s'abstient aujourd'hui — constaté le fameux manquement de l'Allemagne et l'avait même « formellement » signalé à chacune des Puissances intéressées, au sujet du paiement du solde de 20 milliards de marks-or dus par l'Allemagne aux termes de l'article 235.

Une priorité (article 12 de l'annexe II) sur tous les revenus allemands, priorité nettement proclamée et maintenue dans la réponse même des Gouvernements alliés, le 16 juin 1919, à M. de Brockdorff-Rantzau, réponse préparée par le principal secrétaire même de Lloyd George, M. Philip Kerr. « Les Puissances alliées et associées affirment à nouveau leur droit d'obtenir le paiement des réparations et autres charges résultant du Traité, *par priorité* sur le règlement de toutes autres dettes de l'Empire ou des Etats allemands. » Nous n'avons pourtant jamais entendu dire que le rentier allemand, qui souscrivit aux emprunts de guerre de l'Allemagne, ait cessé de conserver, lui, la priorité de son coupon.

Une obligation d'établir un système fiscal aussi lourd proportionnellement que celui d'une quelconque des Puissances représentées à la Commission des réparations. Et ne sait-on pas que le Reich s'est même dispensé de réclamer la taxe à la production sur le charbon — le kohlensteuer — à ses magnats de la Ruhr ?

Un *gage* constitué par les biens, droits et intérêts allemands en pays alliés, avec des droits de contrôle qu'il eût été possible, en *temps utile*, de faire valoir et d'appliquer.

L'Allemagne n'avait-elle pas reconnu sa propre responsabilité par l'organe même du chef de ses plénipotentiaires, l'orgueilleux Brockdorff-Rantzau, seigneur rempli de morgue et de dédain, dans les remarques de la délégation allemande du 29 mai 1919 ? « Une obligation de restaurer ces territoires, mais ces territoires seuls — ceux indiqués dans le message du Président Wilson — était acceptable pour l'Allemagne, *parce qu'elle avait porté en pays étranger les horreurs de la guerre par une action contraire au droit des gens, à savoir par la violation de la neutralité belge.* » Signalé au service de la propagande en Allemagne occupée.

C'est dans le même document que Brockdorff offrait au nom de son pays 100 *milliards* de marks-or.

Aux contre-propositions allemandes que répondirent les Alliés ?

LES ANGLAIS OPPOSÉS A TOUTE CONCESSION EN 1919.

Du 6 au 9 juin sont réunis, sous ma présidence, les représentants des grandes Puissances. Que dit le premier orateur ? Il expose que : les demandes des Puissances en ce qui concerne les réparations sont *extrêmement modérées.* Elles limitent les catégories de dommages pour lesquelles elles exigent réparation, de telle sorte qu'elles *couvrent seulement une fraction de l'obligation totale...* les contre-propositions allemandes sont tout à fait insuffisantes. Elles offrent de payer au plus tard le 1ᵉʳ mai *1926* une somme de *20* milliards de marks-or, alors que les Alliés la demandent pour 1919, 1920 et les quatre premiers mois de 1921, et elles énoncent ensuite un montant total maximum de *100* milliards et un montant annuel maximum jusqu'en 1936, d'un milliard. *Aucune de ces propositions ne peut être acceptée...* Les catégories de dommages à réclamer ayant été strictement limitées, le montant correspondant à ces catégories *doit être payé entièrement* et une *limitation à un maximum total de cent milliards* ne peut être acceptée.

Qui donc tient ce ferme langage ? Un Français intransigeant et cupide ? Non ; le représentant même de l'empire britannique, le Premier ministre d'Australie, l'éminent M. Hughes.

Est-il seul de son avis dans la délégation anglaise ? Non ; l'autre délégué, lord Sumner, n'hésite pas à déclarer qu'il est « complètement opposé à toute concession. » Un délégué américain a beau mettre en avant un chiffre global et définitif de 120 *milliards* de marks-or, les délégués maintiennent ferme les stipulations originelles.

Les Puissances toutefois, par esprit de conciliation, consentent à accorder à l'Allemagne, dans le protocole du 28 juin, paragraphe 5, la faculté de présenter des propositions *dans le délai de quatre mois* à partir de la signature du Traité « pour le règlement des demandes correspondant à *chacune des catégories* de dommages dont elle est responsable », afin de déterminer le plus tôt possible « son exacte responsabilité pécuniaire » et « d'accélérer les décisions ». Il importe de constater que l'Allemagne n'a fait aucune diligence pour bénéficier de cette disposition.

LE PLAN BRITANNIQUE DE 1922.

Et pourtant il était donné à M. Poincaré de répondre le 4 janvier dernier, avec une grande autorité, au document britannique présenté par le très loyal Premier ministre Bonar Law, que son plan ou plus exactement celui de la Trésorerie britannique, celui peut-être bien de sir John Bradbury, constituait une « novation » au Traité de paix et renfermait des clauses « destructives de clauses correspondantes du Traité de Versailles. » Il pouvait prétendre avec raison que la valeur actuelle des charges en capital de l'Allemagne, suivant le nouveau plan britannique, ne serait que de 27 *milliards* de marks-or et plus loin, après divers calculs exacts, que la part de la France serait de *11 milliards !*

LE GLISSEMENT.

Comment en sommes-nous arrivés là ? Le traité entre en vigueur le 10 janvier 1920 ; huit jours après, Clemenceau — au lendemain de l'élection de Deschanel — abandonne le pouvoir et Lloyd George a pu dire : « Aujourd'hui, ce sont les Français qui ont brûlé Jeanne d'Arc. » Quatre semaines après, le 13 février, première violation du traité ; les Alliés renoncent à l'extradition de Guillaume II et consentent à laisser juger les coupables par ceux-là mêmes qu'ils nommaient, le 16 juin 1919, les « complices de leurs crimes ». Et il s'agissait d'une clause à laquelle la Grande-Bretagne avait attaché tant de prix !

Il en va de même pour les échéances de *désarmement, pour les réparations.*

Lloyd George peut s'écrier, à Birmingham : « Mais il faut que le traité demeure. *Un traité qui est bravé, c'est la guerre en suspens.* » Le traité n'est pas seulement bravé, il est en plus saboté ; c'es pire.

Ceux à qui la garde en est alors confiée le laissent démembrer, tout en le considérant comme insuffisant, en le dénigrant et en réclamant son « exécution intégrale ».

A San-Remo, le 26 avril 1920, les Gouvernements alliés déclarent qu'ils ont « unanimement décidé de *maintenir intégralement* les clauses du traité de Versailles. »

Et ce, à la veille même de la Conférence de Spa, en juillet, qui fausse complètement le mécanisme des réparations en ce qui concerne les livraisons de charbon et nous oblige *à décaisser de l'argent* au lieu d'en recevoir. Le traité avait prévu pour 1920, période de crise grave pour les industries des Puissances envahies et dévastées, des livraisons maxima par mois de 3.400.000 tonnes. La Commission des réparations demande un *minimum* de 2.300.000 tonnes. L'Allemagne livre des quantités sensiblement inférieures. La Commission, ayant fait appel aux Puissances elles-mêmes, en juin 1920, la Conférence de Spa aboutit aux résultats suivants : 2 millions de tonnes par mois ; paiement d'une prime de 5 marks-or par tonnes ; avances consenties à l'Allemagne, en vue de ces livraisons qui *coûtent aux Alliés 400 millions* de marks-or, la part de la France étant fixée à 61 %, soit 244 *millions de marks-or* ou au moins *650 millions de francs !*

En retour de cette concession fantastique, nous n'obtenons aucun avantage concernant le prix *fob* (1) qui nous est facturé pour toutes expéditions de charbon nous provenant par mer et pas seulement, comme nous nous estimons fondés à le soutenir, pour toutes expéditions faites par ports allemands.

De plus, nous acceptons que la valeur des navires livrés par l'Allemagne soit portée à son crédit et au débit de la Puissance destinataire pour leur valeur de réalisation sur le marché anglais. Mais nous n'obtenons pas, par contre, que la même règle soit posée, s'agissant des marchandises

---

(1) *Fob* est l'abréviation de franco-bord et signifie : prix d'une marchandise chargée sur bateau dans un port.

destinées à la France : bétail ou matériel de chemins de
fer déjà livrés, charbon ou livraisons de l'annexe IV destinés aux régions dévastées. Seuls les navires — on sait à qui
cela profite — seront débités à leur prix de réalisation sur
le marché intérieur de la principale Puissance réception-
naire, sans que nous puissions jamais obtenir que la même
règle soit appliquée aux marchandises livrées à la France !

Belle besogne ! Pourquoi l'Angleterre, pourquoi surtout
l'Allemagne se gênerait-elle désormais ?

UNE DÉRISION.

Que ce soit à San-Remo, à Hythe, à Boulogne, à Paris,
à Londres, à chacune de ces réunions, les droits de la
France sont mutilés jusqu'au jour où ils sont définitivement
réduits de 40 0/0, suivant l'estimation du Président du
Conseil du Reich d'alors, M. Wirth, à la suite des accords
de Londres du 5 mai 1921, dans lesquels, malgré la constatation du manquement de l'Allemagne par la Commission
des réparations au sujet des 20 milliards des marks-or, on
renonce à revendiquer les 12 *milliards de marks-or* qui,
officiellement, restaient dus sur la *provision* fixée au Traité
lui-même.

M. Lloyd George qui, pendant la Conférence de la Paix,
se plaisait à affirmer qu'on ne doit pas faire passer « le
mortier avant le sang », lorsqu'il contestait la priorité
même de nos créances de réparations, s'évertue, en
décembre 1921, à la veille de Cannes — était-ce une nouvelle dose de morphine? — à dire: « Toute la question est:
qui va payer les dégâts? Les régions dévastées sont là.
Sont-ce les responsables des dévastations ou les non-respon-
sables qui vont payer? Telle est toute la question concer-

nant les réparations ». Son successeur, un an après, apporte à la France, déjà grevée de 100 milliards pour le compte de l'Allemagne, sans garanties, avec moratorium, sous l'autorité de la finance internationale, dénoncée récemment encore avec tant de vigueur par notre éminent confrère lord Rothermere, dans le *Sunday Pictorial*, l'offre dérisoire de 11 milliards.

Le redressement de toute notre politique s'imposait presque *in extremis. Que n'est-on entré dans la Ruhr aux premiers et graves manquements d'ordre militaire de l'Allemagne, les 10 mars et 10 avril 1920, échéances capitales de desarmement ? Et, au plus tard, en avril 1921 ?*

MORALITÉ.

De l'Angleterre, Michelet a dit très justement : « L'Angleterre est une île ; cela explique toute son histoire. » Au surplus, ce grand peuple de marchands était-il forcé de comprendre mieux nos intérêts que nous-mêmes ? Au bout de trois ans, nous voulons les défendre après les avoir abandonnés ; d'où surprise au premier instant, surprise qui n'exclut pas l'estime, qui, au contraire, peut-être bien, la restitue.

Mais les marchands ne sont pas que dans l'Empire britannique ; ceux qui vendent ou achètent des devises ont spéculé un peu partout, sans intelligence, sur le mark. Ils ont ainsi prêté à l'Allemagne au moins une quarantaine de milliards de marcks-or, sans intérêt. Le voilà bien, l'emprunt international ! Quelle sottise, déterminée par le seul esprit de lucre !

Et puis, que de bénéfices la Finance internationale peut-elle encore réaliser en se faisant l'honnête courtier, le *liquidateur* de la Congrégation... allemande, sans que l'Etat français reçoive davantage qu'à l'occasion de l'autre liquidation.

L'Allemagne, elle, qu'a-t-elle constaté? Des concessions inattendues, des abandons successifs ; elle nous a considérés comme incapables de réagir à temps avec nos fidèles amis de Belgique et d'Italie. La stupeur double sa colère ; on se rappelle que Louis Martin, que j'avais chargé de mettre la main, dès le début de 1919, sur les avoirs allemands et qui avait alors réussi dans sa difficile mission après deux mois de luttes mémorables, avait pu m'écrire le 10 mars de la même année: « Le Gouvernement allemand a fini par donner en détail tout ce qu'en bloc il avait refusé. » Ici, nous pouvons dire, au contraire, que devant tant de faiblesse, le *Gouvernement allemand a fini par reprendre en détail tout ce qu'il avait cédé en bloc.*

Maintenant, c'en est fait; la lutte, quoique tardive, est engagée. Il faut l'emporter, grâce au sang-froid, à la patience, à la ténacité.

Le plus grand philosophe allemand a dit : « Le droit et la faculté de contraindre sont une seule et même chose. » La conscience française n'a cessé de protester contre cette pensée de Kant. Mais il appartient aujourd'hui au Gouvernement français de montrer aux Allemands que la faculté de contraindre, si elle n'est pas la même chose que le droit, peut être mise au service du droit.

ANNEXES

ANNEXE I

L'INDUSTRIE FRANÇAISE

DANS
LES RÉGIONS ENVAHIES

OUVRAGE

PUBLIÉ SOUS LA DIRECTION ET PAR L'ORDRE

DU

GRAND ÉTAT-MAJOR ALLEMAND

EN FÉVRIER 1916.

(EXTRAITS.)

Vertraulicher Abdruck Nr. 967.

Die Industrie im besetzten Frankreich

Bearbeitet im Auftrage des Generalquartiermeisters

Druck von R. Oldenbourg, München 1916.

L'INDUSTRIE

EN FRANCE OCCUPÉE

RÉDIGÉ PAR ORDRE DU QUARTIER MAÎTRE GÉNÉRAL

IMPRIMERIE R. OLDENBURG, MUNICH, 1916

PRÉFACE (1)

AUX

EXTRAITS DE L'OUVRAGE
DU GRAND ÉTAT-MAJOR ALLEMAND

SUR

L'INDUSTRIE EN FRANCE OCCUPÉE

La volonté de conquérir par la force des marchés nouveaux a joué dans l'agression de l'Allemagne un rôle que chaque jour des documents inédits mettent plus clairement en lumière.

L'union fut toujours étroite entre le haut commandement allemand et les représentants des intérêts économiques de l'Empire.

En 1915, les grandes associations qui contrôlent et dirigent l'industrie et le commerce allemands remettaient au Chancelier le programme détaillé d'une vaste politique d'annexions sur les frontières occidentale et orientale de l'Empire.

En mars 1918, les associations de propriétaires et directeurs de hauts fourneaux et de mines s'efforçaient de grouper dans deux études tout un ensemble d'arguments économiques et historiques destinés à justifier l'incorporation, dans l'Empire, de la Lorraine non annexée.

Dans l'intervalle, en février 1916, l'État-Major allemand avait engagé à Verdun la grande partie qu'il estimait devoir à bref délai conduire à la victoire. A cette même date, il faisait procéder à une étude détaillée, approfondie, des industries rançaises des régions envahies. En deux mois, janvier et février, « 4.031 entreprises

---

(1) Cette préface a été rédigée par le traducteur français, mon très distingué confrère et ami, M. Jacques Lyon, avocat à la Cour de Paris.

furent examinées par environ 200 experts » spécialement rappelés à cet effet de l'armée.

A quelle pensée obéissait, en entreprenant et en menant à bien ce vaste travail, le grand Etat-Major allemand ?

S'agissait-il de dresser le tableau des ressources qu'en cas de prolongation de la lutte les approvisionnements et les industries de la France envahie pouvaient encore fournir à l'armée et aux usines de guerre ?

La date à laquelle ce travail fut exécuté, la certitude de victoire qui animait alors le haut commandement allemand excluent cette hypothèse.

Au surplus, dans les usines et fabriques soumises à enquête, approvisionnements et outillage avaient été déjà pour la plus large part, soit transportés en Allemagne, soit rendus inutilisables, soit détruits. Il n'était pas besoin de tant de travaux, ni de tant d'enquêteurs pour dresser un procès-verbal de carence. Il figure du reste dans des graphiques annexés au volume et dont un échantillon est joint à cette brochure.

Quel était donc l'objet poursuivi ?

Le dessein qui présida à l'entreprise est résumé en deux phrases de la préface. Les quelques extraits de l'ouvrage même que nous avons groupés en cette brochure permettent d'apprécier comment il a reçu exécution :

« Partant, y est-il dit, de ce principe qu'une connaissance approfondie des conditions industrielles et économiques du territoire occupé est nécessaire dans les milieux autorisés de l'Empire, on a essayé, dans ce travail, d'en fournir une description aussi complète que possible, d'après les relevés effectués sur place.

Ce travail embrasse, au point de vue technique comme au point de vue économique, les branches industrielles les plus importantes ; il dépeint les conditions d'existence des diverses industries ; il expose leurs rapports avec l'Allemagne et avec le marché mondial et donne un aperçu des répercussions qui résulteront probablement pour l'Allemagne de la destruction de certaines branches d'industrie.

Il est impossible d'être plus catégorique. L'aveu est digne d'être retenu. Tout l'ouvrage s'explique et s'éclaire, si l'on songe qu'il doit aboutir à ce résultat : « Donner un aperçu des répercussions qui résulteront probablement pour l'Allemagne de la destruction de certaines branches d'industrie. »

Nous sommes en présence d'un travail minutieux et savant d'espionnage industriel.

Par là s'explique le choix et le nombre des destinataires de cet ouvrage « Confidentiel ».

S'il s'était agi d'une enquête d'ordre exclusivement militaire, l'épais volume et ses multiples annexes eussent été tirés à un nombre limité d'exemplaires, adressés aux divers États-Majors et à leurs Directions d'Intendance.

Or, on prit soin de l'expédier à toutes les Chambres de Commerce d'Allemagne; il n'est pas d'association économique à qui un exemplaire n'en ait été confié.

Ce n'est pas sans dessein qu'il était adressé, en la personne de leurs représentants les plus autorisés, aux commerçants et aux industriels d'Allemagne.

Ils en pouvaient tirer une double leçon.

1° Telles usines qui approvisionnaient de telle catégorie de produits des marchés de France, d'Angleterre, d'Allemagne ou d'outre-Mer devenaient hors d'état de produire pendant des périodes dont la durée plus ou moins longue était chaque fois spécifiée.

On comptait sur l'énergie, l'activité, l'ingéniosité des industriels et des commerçants allemands — l'appel s'étale à maintes pages du volume — pour se substituer à elles au plus grand profit de l'Allemagne ;

2° Toutefois, en dépit de multiples difficultés complaisamment énumérées, les populations laborieuses du Nord de la France ne se décourageaient pas ; pour recommencer la lutte, elles travailleraient à reconstituer leurs usines.

Minutieusement informés — grâce à la collaboration du Grand-Etat-Major — des machines nécessaires, des modèles requis pour cette œuvre de réorganisation, les commis-voyageurs allemands pourraient accourir les poches bourrées de projets, de dessins et d'offres

Pour fournir au producteur allemand ces deux catégories d'informations, le plan général de l'ouvrage est le suivant :

Un chapitre est consacré à chacune des industries des régions envahies.

Tous sont divisés en trois parties.

La première décrit l'industrie envisagée, telle qu'elle se comportait lors de l'invasion.

La seconde, résumant les dommages qu'elle a subis du fait de l'invasion, décrit sa situation en février 1916.

La troisième examine quelles répercussions ces dommages exerceront sur la prospérité de l'industrie allemande correspondante.

Le lien est étroit et direct entre les deuxième et troisième parties. Le dommage subi par l'industrie française enquêtée n'intéresse les rédacteurs du volume qu'autant qu'il peut exercer des répercussions sur la même branche de l'activité allemande.

C'est ainsi que le chapitre consacré à la verrerie conclut :

« La concurrence de l'industrie française de la verrerie étant de peu d'importance pour le marché allemand comme pour le marché d'exportation, des dommages de guerre ne doivent avoir aucune influence à ce double point de vue sur l'industrie allemande. »

Quand ces ouvrages sont parvenus entre les mains des intéressés, lorsqu'ils les ont feuilletés, leurs yeux ont dû se porter, leur attention s'arrêter d'abord sur ce paragraphe des répercussions qui sert de conclusion et comme de couronnement à tous les chapitres.

Ils y ont cherché et trouvé la réponse à ces deux questions :

Les longues périodes de reconstruction de chômage auxquelles le travail de l'armée allemande a condamné leurs rivales françaises permettront-elles aux industries allemandes de se substituer à elles pour fournir les clients habituels des maisons françaises ?

Les ingénieurs allemands revenus à leurs usines pourront-ils vendre à gros bénéfices à leurs concurrents français d'avant-guerre les machines, les courroies de transmission, les pièces détachées destinées à remplacer celles qu'ils auront, au cours de la guerre, savamment endommagées ou minutieusement détruites ?

Pour tous ces problèmes d'après-guerre, l'ouvrage du Grand État-Major fournissait à tout le moins des éléments d'appréciation.

L'armée avait détruit pour que l'industrie, ou bien bénéficiât de la disparition de concurrents, ou bien trouvât son profit à participer à l'œuvre de reconstruction.

C'était un chapitre nouveau des Usages de la guerre qu'il appartenait à l'Allemagne de tracer sur le sol de la France envahie.

De cet ouvrage massif de 182 pages qu'accompagnent des annexes et des tableaux multiples, nous n'avons extrait que quelques courts passages, mais qui suffisent à en révéler les intentions et à en apprécier l'objet.

En ce qui concerne les dommages qui y sont complaisamment étalés, il convient d'observer :

Que la distinction est toujours soigneusement faite entre ceux qui proviennent directement des opérations de guerre et ceux qui résultent des actes de l'autorité allemande et que ces derniers sont toujours et de beaucoup les plus considérables ;

Que les dommages dont il est tenu compte dans l'ouvrage du Grand État-Major allemand sont ceux dont la constatation a pu être faite en février 1916, c'est-à-dire deux ans et huit mois avant la fin de la guerre et de l'occupation allemande.

Enfin, que les extraits qui sont ici reproduits ne sont que de courts échantillons dont il serait aisé d'accroître les dimensions et le nombre.

INTRODUCTION

La Direction suprême de l'Armée a fait procéder à des enquêtes sur l'industrie en territoire français occupé, enquêtes dont les résultats sont consignés dans ce travail. Effectuées sur place, elles ont fourni des matériaux positifs qui seront précieux pour les travaux de l'Allemagne.

Les enquêtes ont été faites par zone d'armées, sous l'unique direction de militaires que leur profession civile qualifiait pour ce travail, à l'aide de cartes de recensement d'un type uniforme. Au total, 1.031 entreprises ont été examinées par environ 200 militaires, le travail étant réparti par branches professionnelles.

Les recherches sont limitées à la zone occupée en janvier 1916 et les relevés ont été effectués en février 1916. En conséquence, ce travail n'embrasse pas la totalité des dommages causés par la guerre aux établissements industriels français. Car, indépendamment des réquisitions, destructions et saisies postérieures à la date indiquée, il existe, immédiatement à l'arrière du front français, toute une série de villes industrielles, florissantes avant la guerre, dont les établissements industriels doivent être considérés comme entièrement détruits. Qu'il suffise de signaler Armentières, Béthune, Reims et Lunéville. Pour évaluer le dommage que les événements de guerre directs ont fait subir à l'industrie française, les données de ce travail devront être complétées par des chiffres qu'il ne sera possible de fixer qu'après la guerre.

Quelques considérations sur les différentes catégories de dommages de guerre auxquels l'industrie a été exposée par la guerre mondiale trouveront ici leur place. Il faut distinguer :

a. Les dommages de guerre naturels ;

b. Les dommages provoqués par l'isolement de l'Allemagne du marché mondial, contrairement au droit des gens ;

c. Les dommages pécuniaires et autres.

Doivent être considérés comme « dommages de guerre naturels » : la destruction totale ou partielle de fabriques par les projectiles ou l'incendie, la destruction d'exploitations industrielles ou de fabriques situées dans la zone de feu et par suite inaccessibles, dont les machines doivent être abandonnées à elles-mêmes et qui, par suite de leur longue immobilisation, sont exposées à une mise hors d'usage complète ; l'enlèvement des machines hors des bâtiments d'usines transformés en hôpitaux, en salles de spectacles, en écuries, etc., cas dans lesquels, en raison du peu de temps disponible, il n'a pas toujours été possible de procéder à un démontage soigneux et à une préservation méthodique.

Rentrent dans la catégorie b : la saisie et l'enlèvement, en quantité qui, avec la durée de la guerre, ont été sans cesse croissant, de matières premières, de produits semi-fabriqués et fabriqués de machines, le tout pouvant servir à des usages de guerre. Le blocus presque complet de l'Allemagne et les difficultés considérables du trafic des marchandises, notamment avec la Hollande, la Roumanie et la Suisse, ont rendu nécessaire le transport en Allemagne, afin de satisfaire aux besoins des troupes combattantes et du pays, de toutes les matières qu'elle importait en temps de paix. Dans la mesure où les matières premières ne suffisaient pas, il fallait naturellement se rabattre sur des objets fabriqués et même sur des pièces de machines qui, ayant déjà reçu leur affectation, étaient incorporées aux bâtiments.

Si grave qu'ait été, au moment même, le préjudice subi par les entreprises du fait de l'enlèvement de matières textiles, de cuir, de bois, de caoutchouc, de produits chimiques, de minerais de fer, de métaux bruts, etc., les régions occupées n'ont toutefois ressenti tout le poids du blocus de l'Angleterre que le jour où les installations industrielles ont dû subir, outre l'enlèvement de machines entières, le démontage intégral de parties importantes en cuivre, en bronze, en laiton, etc. ; c'est ainsi, par exemple, que les hauts-fourneaux ont été dépouillés de leurs coquilles, les laminoirs de leurs rouleaux et de leurs coussinets.

Si la reconstitution des stocks de matières premières et de

produits semi-fabriqués, ainsi que l'acquisition de nouvelles machines, sont avant tout une question d'indemnité, partant de crédit, les dommages de guerre de cette dernière catégorie auront des répercussions plus durables : ils n'atteignent pas seulement le crédit de l'entreprise, ils vont jusqu'à mettre en question la prolongation de son existence après la guerre. Il en est de même de cette circonstance que la main-d'œuvre, soit qu'elle revienne après la guerre, soit qu'elle n'ait pas quitté la région, se verra contrainte d'émigrer jusqu'à ce que l'entreprise ainsi atteinte soit reconstituée. Ces entreprises, en effet, ne disposeront pas de moyens suffisants pour maintenir leur personnel jusqu'à restauration complète et remise en marche des ateliers. La partie du personnel ouvrier qui sera nécessaire pour la remise en état de l'entreprise sera relativement faible. Il existe des localités où les émigrants se compteront par milliers.

Les dommages pécuniaires rangés sous la catégorie c comprennent les pertes d'intérêts et de bénéfices résultant de l'arrêt complet de tout trafic commercial et les amortissements exceptionnellement élevés qui seront nécessaires après la guerre. Il en résultera inévitablement une vaste concentration d'actions, ce qui équivaut à une perte de capitaux énorme. Il ne pourra non plus être accordé d'indemnité, ni pour le chômage auquel des entreprises se verraient condamnées, après la conclusion de la paix, par suite des destructions ou réquisitions, ni pour la diminution du chiffre d'affaires et des bénéfices qui en résultera pendant longtemps encore.

Partant de ce principe qu'une connaissance approfondie des conditions industrielles et économiques du territoire occupé est nécessaire dans les milieux autorisés de l'Empire, on a essayé, dans ce travail, d'en fournir une description en quelque sorte complète, d'après les relevés effectués sur place.

Ce travail embrasse, au point de vue technique comme au point de vue économique, les branches industrielles les plus importantes ; il dépeint les conditions d'existence des diverses industries ; il expose leurs rapports avec l'Allemagne et avec le marché mondial et donne un aperçu des répercussions qui résulteront probablement pour l'Allemagne de la destruction de certaines branches d'industrie.

USINES MÉTALLURGIQUES

DOMMAGES DE GUERRE

Les dommages de guerre examinés isolément ne sont pas très grands ; cependant, considérés dans leur ensemble, ils sont très importants. Il s'agit, dans la plupart des cas, de l'enlèvement de matières premières et de machines, notamment de tours, de piles électro-motrices, de courroies de transmission, de coquilles, de trains de laminoirs, de souffleries, etc.

La situation en janvier 1916 est toujours prise comme base ; mais depuis il est survenu des destructions et des réquisitions importantes.

La restauration pourra, en moyenne, demander de huit à seize mois pour toutes les entreprises ; il est de grande importance, pour la question de la reprise de l'exploitation après la guerre, de savoir si les réquisitions continueront et notamment s'il faudra continuer à enlever des machines ou des installations importantes. Après la guerre, il faudra certainement des années pour se procurer des laminoirs et les usines atteintes perdront, en attendant, beaucoup de clients qui demandaient des profils spéciaux.

Dans les fonderies d'acier, les dommages de guerre consistent, en premier lieu, en réquisitions importantes de machines-outils, de moteurs, de câbles et de matières premières. Les fabricants pourront reprendre le travail trois à cinq mois après la fin de la guerre, bien que cette reprise ne puisse être que partielle au début.

Dans les fonderies de fer et de métaux, il a été enlevé des

machines spéciales, difficiles à remplacer, et dont l'acquisition, l'installation et la remise en marche demanderont des mois, peut-être de un à deux ans.

Dans maintes fonderies, tous les modèles en bois eux-mêmes ont été employés pour des buts de guerre et ces fonderies ne pourront reprendre le travail qu'au bout de un à trois ans.

Dans les ateliers de construction des charpentes en fer, le remplacement des nombreuses machines enlevées, ainsi que du fer manquant qu'il faudra se procurer à l'étranger, sera possible en trois à quatre mois environ.

Dans toutes les branches de l'industrie métallurgique, le manque de main-d'œuvre, qui s'est déjà fait sentir avant la guerre, rendra plus difficile encore après la guerre la reprise de l'exploitation. Il est à supposer qu'une fraction des ouvriers, notamment ceux établis dans le territoire occupé, reviendra après la guerre, mais que la plus grande partie d'entre eux, ceux du moins qui n'étaient pas mobilisés, a trouvé une occupation rémunératrice dans d'autres régions de la France et ne reviendra pas au pays. Tel sera, spécialement, le cas des ouvriers qualifiés, qui ne trouveront dans les régions envahies, pendant une longue période après la guerre, aucune occupation dans leur profession.

Par suite du long arrêt de l'exploitation au cours de la guerre et pendant la période qui suivra, les usines subiront une forte diminution de production, partant de recettes. Cette perte, qui s'accroîtra sensiblement par suite des frais de reconstruction des fabriques, causera à de nombreuses entreprises un préjudice financier tel qu'il leur sera difficile soit de reprendre leur exploitation, soit de la ramener à son niveau primitif. Celles-là mêmes qui pourront à cet effet se procurer les ressources nécessaires ne pourront, sans de longs délais, ramener leur production au niveau d'avant-guerre ; un long temps s'écoulera avant qu'elles retrouvent leurs anciens débouchés et qu'elles redeviennent aussi rémunératrices qu'avant la guerre.

RÉPERCUSSIONS DES DOMMAGES DE GUERRE
SUR L'ALLEMAGNE

Au point de vue de la répercussion des dommages de guerre sur l'Allemagne, la question est de savoir si un établissement a subi des dommages tels qu'il soit mis hors de cause pour une longue période ou qu'il ne puisse peut-être plus être remis en exploitation. S'il en était ainsi, l'Allemagne aurait ce double avantage que la concurrence, en ce qui touche l'acquisition des minerais de fer et en ce qui concerne l'écoulement sur le marché mondial, se trouverait réduite et que le danger pour elle du développement rapide de l'industrie métallurgique française signalé plus haut serait amoindri. Or, aucun des établissements métallurgiques n'est endommagé à tel point qu'il soit mis hors de cause d'une façon permanente ; mais on peut dire avec presque certitude que tous les hauts fourneaux, toutes les aciéries et tous les laminoirs sont rejetés en arrière de plusieurs années, que tel est particulièrement le cas pour les usines de laminage du Nord.

En ce qui concerne les usines pour le moulage de l'acier, une répercussion indirecte sur l'Allemagne est possible en ce sens que, par suite des détériorations considérables subies par les fabriques françaises de locomotives et de wagons, les chemins de fer français seront peut-être contraints d'acheter du matériel roulant en Allemagne et que les commandes en résultant reviendront aux usines allemandes pour le moulage de l'acier.

La proportion dans laquelle l'Allemagne pourra intervenir comme fournisseur des fers laminés nécessaires dépendra de la durée de la période pendant laquelle, après la guerre, les hauts fourneaux du Nord de la France demeureront éliminés du marché, comme aussi de la question de savoir si l'Angleterre n'interviendra pas immédiatement et, dans certains cas, ne sera pas également en mesure de fournir des charpentes entièrement achevées.

TISSAGES
Y COMPRIS LES ÉTOFFES D'AMEUBLEMENT ET TAPIS

DOMMAGES DE GUERRE

Le dommage causé par la guerre aux tissages dans le département du Nord est important. Les grands tissages de toile, de demi-toile ou d'articles divers situés à Lomme, Haubourdin, Comines, Wervick, Perenchies, Deulemont et Provin, comptant ensemble 1.900 métiers en chiffres ronds, ont peu souffert ; mais ils sont cependant endommagés de telle sorte qu'il faudra une reconstruction complète ou une remise en état très étendue des bâtiments et installations. Même dans les conditions habituelles, ces établissements pourront à peine être remis en état et en pleine marche avant un an ou deux. Dix autres établissements comportant 1.400 métiers ont été considérablement endommagés, en partie par le bombardement, mais en partie aussi par l'enlèvement de toutes les pièces utilisables pour la construction des positions, par l'occupation des troupes, etc., de sorte qu'il faudra entreprendre de gros travaux de réfection qui demanderont au moins de six à huit mois. Dans la plupart des tissages il faut s'attendre à de nouveaux dommages, car les localités dont il s'agit sont exposées au feu ennemi.

Tous les métaux manquants en Allemagne tels que : cuivre, laiton, bronze, etc., ont été saisis et enlevés. Pour les machines à vapeur, les coussinets, les arbres de transmission, ces réquisitions ont été jusqu'ici moins nombreuses que pour les machines à parer et à sécher, auxquelles de nombreux tuyaux, évents et revêtements en cuivre ont été enlevés.

On a expédié en Allemagne des quantités considérables de matières premières, des marchandises à demi fabriquées et fabriquées ; on a enlevé également sans exception les machines et fils terminés sur bobines ainsi que les chaînes. Les conditions sont analogues dans les autres régions et tissages du territoire français occupé.

Dans la région de Sedan-Rethel, les dommages de guerre sont exceptionnellement graves. Sur quinze établissements, dix tissages de fils peignés ont été complètement anéantis, c'est-à- dire que toutes les machines et toutes les installations ont été enlevées des bâtiments et gisent en plein air comme de la ferraille ; les bâtiments ont en outre fortement souffert par suite de l'abatage ou de la perforation des murs, de l'enlèvement des planchers, de l'enlèvement partiel des murs, etc., de sorte que si ces maisons veulent reprendre le travail après la fin de la guerre, il faudra nécessairement rééquiper les fabriques entièrement à neuf. Il est certain qu'aucun des dix établissements énumérés ne pourra commencer à fonctionner, même partiellement, qu'un an au moins après la conclusion de la paix, à condition que les fabriques de machines intéressées soient en mesure de livrer dans ce délai.

La reprise du travail dans les tissages a donc à lutter avec de grosses difficultés. Par suite du manque de matières premières et d'ouvriers expérimentés, par suite de la pénurie générale, par suite aussi de la destruction de tant de fabriques, il n'est pas vraisemblable que les pièces manquantes puissent être remplacées en peu de temps ou que les dommages subis puissent être réparés à bref délai.

RÉPERCUSSIONS SUR L'ALLEMAGNE

L'industrie française du tissage aura perdu pendant la guerre maints débouchés. Pour les reconquérir et pour savoir tirer parti du coup terrible subi par l'industrie du tissage dans les régions occupées, il est particulièrement important pour l'Allemagne de remettre en marche aussi rapidement que possible, après la guerre, ses tissages intacts, grâce à la prompte acquisition de matières premières et de fils.

Si les relations de politique commerciale entre la France et l'Allemagne se présentent sous un jour assez favorable, un débouché d'une importance énorme, notamment pour les constructeurs allemands de machines destinées à l'industrie textile, doit s'ouvrir dans le Nord de la France.

L'accroissement inévitable des salaires et le prix des matières premières qui demeurera certainement élevé pendant une longue période obligeront les industriels de la branche textile du territoire occupé, dans la mesure où ces industries pourront renaître, à acquérir les machines les plus économiques. Les machines allemandes ont conservé, malgré la guerre, cette réputation dans les régions envahies.

BLANCHIMENT, TEINTURE, APPRÊTS ET IMPRESSION DE TISSUS

DOMMAGES DE GUERRE

On a démonté entièrement les pièces en cuivre et les courroies qui ont été envoyées en Allemagne. Il est très douteux que les réparations puissent être entreprises immédiatement après la fin de la guerre ; car la main-d'œuvre nécessaire fera probablement défaut et on ne pourra se procurer si rapidement le cuivre et le cuir en quantités suffisantes. On peut admettre que la remise en activité des teintureries et des établissements d'apprêt ne sera guère possible en règle générale avant un ou deux ans, en admettant les conditions les plus favorables. Les machines sont toutes abandonnées, démontées et très attaquées par la rouille.

RÉPERCUSSIONS SUR L'ALLEMAGNE

Les fabriques de machines du territoire occupé ayant également beaucoup souffert, l'industrie dont il s'agit sera réduite à se procurer des machines allemandes et à recourir aux usines allemandes pour sa remise en activité. La teinture, le blanchiment et l'apprêt ont subi de grands dommages du fait de la guerre et il faudra plusieurs années pour les ramener à leur plein essor.

Un débouché important est ouvert aux fabriques allemandes de machines pour la réinstallation des établissements de teinture, de blanchiment et d'apprêt.

FILATURES DE LAINE CARDÉE
DE LAINE PEIGNÉE, DE LAINE A TRICOTER
MANUFACTURES DE RETORDAGE

DOMMAGES DE GUERRE

Les dommages de guerre qu'ont subis les filatures de laine peignée et de laine cardée sont très importants.

Dans les fabriques, on a enlevé presque toutes les pièces en cuivre des chaudières et partout les courroies en cuir ont été emportées ; les canalisations pour l'éclairage électrique ont été démontées dans maintes usines ; les petits électromoteurs seront enlevés d'ici la fin de la guerre.

Dans la région d'Avesnes et de Sedan, quelques fabriques ont été vidées, de sorte qu'un certain nombre de machines, qui ont dû être abandonnées aux intempéries, peuvent être considérées comme de la ferraille.

Les filatures Simonnet, à Warmeriville et Rappe, à Solesmes, peuvent être estimées entièrement anéanties, cette dernière par l'incendie.

RÉPERCUSSIONS SUR L'ALLEMAGNE

Dans quelle mesure la prolongation, après la paix, de la guerre économique permettra-t-elle à la France de reprendre l'avantage que l'Allemagne possède par suite de ce fait qu'elle n'a pour ainsi dire pas subi de dommages de guerre ? C'est un problème que devra étudier l'industrie allemande intéressée.

Si, dans le monde entier, aussitôt après la conclusion de la paix, la libre concurrence se rétablit, comme précédemment, on peut admettre que l'Allemagne doit être en situation de reprendre sa pleine capacité de production dans le domaine de la fabrication des filets de laine, au moins un à deux ans plus tôt que la France.

Ce sera un résultat d'autant plus enviable que les branches d'industries connexes : tissage et teinture, ainsi que le commerce d'exportation bénéficieraient du même avantage et que ce dernier notamment se trouverait en situation non seulement de reconquérir les débouchés qu'il a perdus, mais d'acquérir même de nouveaux débouchés, là où la France était jusqu'à présent l'unique fournisseur.

INDUSTRIE CÉRAMIQUE

On relève des dommages de guerre considérables par suite de destruction, de réquisition sur une vaste échelle d'installations et canalisations électriques.

Par suite de la réquisition de métaux et de pièces de machines, comme aussi de l'enlèvement de machines afin de gagner de la place, ces dernières ont été, les unes endommagées, les autres mises complètement hors de service.

Il a été procédé à d'importantes réquisitions de produits fabriqués pour les besoins de l'armée. Il ne faut pas s'attendre à la reprise du travail, dans la plupart des établissements, avant un an.

RÉPERCUSSIONS SUR L'ALLEMAGNE

L'industrie allemande de construction de machines doit trouver en ce domaine, après la guerre, une bonne occasion d'écouler ses produits.

Avec des efforts appropriés, l'Allemagne doit réussir à s'emparer des quelques marchés extérieurs français, notamment la Turquie et les pays balkaniques ; le long chômage des fabriques françaises et l'impossibilité où elles se trouveront de fabriquer et d'exporter aussitôt après la guerre pourraient y contribuer.

INDUSTRIES CHIMIQUES

DOMMAGES DE GUERRE

Seules quelques fabriques ont été atteintes par les événements de guerre au point qu'il sera nécessaire de les reconstruire entièrement. D'autre part, il n'y a guère qu'un petit nombre de fabriques qui soient demeurées intactes. La plupart ont subi de tels dommages, par suite de destructions ou d'enlèvements de cuivre, de l'enlèvement des chambres de plomb, du cantonnement des troupes pendant des mois durant et de la réquisition de leurs matières premières, que leur réfection demandera des mois, peut-être une année, sinon plus.

RÉPERCUSSIONS SUR L'ALLEMAGNE

La question est ici encore de savoir quel avantage l'industrie allemande pourra tirer de la situation. L'Allemagne a précédemment fourni toute une série de machines spéciales qui se sont très bien comportées. L'industrie française devra se procurer après la guerre un plus grand nombre d'entre elles, afin de remplacer la main-d'œuvre dont elle a été jusqu'ici très prodigue, mais qui ne sera plus disponible par suite des pertes de vies humaines. Pour les mêmes motifs, l'industrie allemande trouvera également un bon débouché en ce qui concerne les installations d'extraction; car l'extraction mécanique est encore peu développée dans les fabriques françaises.

INDUSTRIE SUCRIÈRE

DOMMAGES DE GUERRE

Les fabriques, à quelques rares exceptions près, ont énormément souffert de la guerre. Il n'en est aucune qui ait échappé aux réquisitions ; partout, les stocks de sucre et de mélasse, les approvisionnements de charbon, de coke et de pétrole, le caoutchouc et les courroies, l'inventaire mort et vif, consistant en chevaux, bœufs, animaux de trait, voitures, harnais, outillage, voies Decauville, wagonnets à bascule, canalisations électriques, etc., ont été enlevés ; et, dans quelques établissements seulement, quatre ou six, qui travaillent pour l'armée allemande, on n'a laissé que le plus indispensable.

Mais les dommages causés aux fabriques elles-mêmes et à leurs installations sont plus graves encore.

Le manque de surveillance, l'occupation par les troupes, l'enlèvement des objets précités ont déjà causé de grands dommages ; mais les fabriques ont souffert bien davantage du démontage des pièces en cuivre, en laiton et en bronze.

Les faits de guerre ont à tel point endommagé toute une série de fabriques qu'il faudra renoncer à les reconstruire.

Celles-là même qui ont tant bien que mal subsisté subiront longtemps encore le contre-coup de la guerre. A supposer qu'il soit possible de les dédommager peu après la guerre pour l'enlèvement de leurs approvisionnements, de leurs machines, de leurs métaux, etc., ces établissements auront à prendre en charge beaucoup de dettes anciennes pour fourniture de betteraves, de matières premières et d'autres articles, opération qui influencera défavorablement les rapports entre fournisseurs et fabriques.

Dans les établissements où les chaufferies, les appareils, les coussinets de machines, les armatures, les valves, les robinets et les pièces moulées spéciales, etc., ont été démontées, leur remplacement, qui devra se faire par des pièces également en cuivre ou en laiton, demandera un long délai, par suite de la pénurie de matières premières et de main-d'œuvre expérimentée et exigera des frais considérables, étant donnée l'importance du travail.

Sur les 230 fabriques de sucre françaises, la moitié environ se trouve en territoire occupé, dont les 4/5" dans la zone atteinte par la guerre et bon nombre dans la zone de feu. Quinze à vingt fabriques sont entièrement inutilisables. Pour d'autres motifs, un nombre au moins égal est hors d'état de reprendre la fabrication. Un certain nombre d'entre elles se consacreront à la fabrication de l'alcool ; le reste aura fort à faire pour surmonter les dommages de guerre.

RÉPERCUSSIONS SUR L'ALLEMAGNE

L'industrie sucrière française doit disparaître comme concurrente sur le marché mondial (Angleterre) dans les deux ou trois prochaines années. Elle sera, au début, à peine en mesure de subvenir aux besoins du pays et de reconstituer les stocks épuisés.

En dépit de sentiments quelque peu hostiles, les relations commerciales avec l'Allemagne demeureront assurées ; car l'industrie sucrière française ne pourra se passer des semences de betteraves allemandes sans se nuire à elle-même. Il lui faudra, en outre, acheter en Allemagne de la terre d'infusoires et du charbon, ce dernier vraisemblablement en grandes quantités, les houillères françaises ayant également beaucoup souffert. Elle aura peut-être même, dans une certaine mesure, recours aux fabriques allemandes spéciales en vue de sa reconstitution ; car les ateliers de constructions mécaniques français, situés pour la plupart dans le Nord et affaiblis par la guerre, ne pourront suffire à la tâche.

INDUSTRIE DE L'ALCOOL

DOMMAGES DE GUERRE

Toute une série de distilleries situées dans le voisinage immédiat de la ligne de combat est complètement détruite. Dans les autres distilleries, les tuyaux, appareils et machines, nécessaires pour la distillation, en tant qu'ils étaient en métal, ont été enlevés. Comme les appareils les plus importants dans les distilleries sont en cuivre ou en laiton, les dommages de guerre sont exceptionnellement élevés. Ces établissements, avec les faibles ressources financières dont les propriétaires disposeront après la guerre, ne reprendront jamais leur importance primitive. Il faudra se borner à reconstruire le plus indispensable. Il faudra des années pour que l'industrie de l'alcool se relève de la guerre.

RÉPERCUSSIONS SUR L'ALLEMAGNE

La livraison de machines et d'appareils allemands ne devrait pas être impossible, bien qu'il soit à supposer que les fabriques françaises de machines, qui fournissaient jusqu'à présent cette industrie, chercheront à conserver leur ancienne clientèle.

INDUSTRIE DU CUIR

DOMMAGES DE GUERRE

La concurrence française ne pourra se manifester sur le marché mondial avant dix-huit mois.

Si la France n'est pas en mesure, après la guerre, de subventionner largement l'industrie du cuir dans le Nord et, tout au moins, de l'indemniser rapidement pour les réquisitions effectuées par l'administration militaire allemande, il lui faudra des dizaines d'années pour reprendre sa prospérité d'autrefois.

RÉPERCUSSIONS SUR L'ALLEMAGNE

Étant donnée cette situation, l'industrie allemande du cuir pour semelles et pour courroies, en agissant avec circonspection, pourrait se créer dans le Nord de la France un débouché important pour plusieurs années. Il faut toutefois compter que la France cherchera à couvrir en Amérique ses besoins en cuir pour semelles et pour courroies, ce qui ne saurait présenter aucune difficulté. Cependant il doit être aisé à l'industrie allemande du cuir de s'assurer pour l'avenir les débouchés importants que possédaient précédemment les produits français en Asie Mineure et en Turquie d'Europe.

MINES DE HOUILLE

DOMMAGES DE GUERRE

La guerre a fortement éprouvé le bassin houiller du Nord.

Les détériorations devenues nécessaires dans les installations destinées à l'exploitation des mines commencent au bassin de Dourges et augmentent au fur et à mesure qu'on se rapproche du front de bataille. Tout le cuivre, le laiton, le métal composition ainsi que tout le bronze ont été enlevés des machines, des canalisations électriques, etc., à l'une des fosses du bassin de Dourges, à toutes les fosses de Drocourt ainsi qu'à la fosse 5 de Courrières. Dans le petit bassin de Carvin, toutes les parties métalliques des machines ont été enlevées. Le démontage de ces pièces n'ayant pas toujours été exécuté par des mains expérimentées, il en est naturellement résulté de graves dommages aux machines et installations électriques et leur remise en état ne sera pas seulement coûteuse, mais aussi difficile et très longue.

Il va de soi que l'administration de l'armée, ainsi que les troupes, ont enlevé des fosses tous les matériaux qui pourraient être affectés à des emplois militaires, tels que : bois de mines, rails et tout matériel en fer, coke, essence, huile, etc.

Le travail de destruction n'a pu être laissé au seul feu de l'ennemi. Certains motifs stratégiques nous ont amenés à abattre les bâtiments d'extraction. La communication souterraine, si dangereuse pour nos troupes entre les bassins situés de part et d'autre des positions de combat, a été interrompue en inondant les travaux de mines. A cet effet, on a détruit le cuvelage aux endroits où des couches d'eau permettaient de provoquer une forte inondation à l'intérieur des galeries. Par suite de toutes ces circonstances, les bassins sont immobilisés pour des années.

Pour mesurer dans toute leur étendue les dommages de guerre subis par l'ensemble du bassin minier du Nord, il faut se rappeler que le bassin de Béthune, situé entièrement de l'autre côté de nos lignes, se trouve hors d'état d'être exploité pendant plusieurs années.

On peut évaluer la diminution de la production de houille pendant la première année de paix, pour l'ensemble de la région, à 13 ou 15 millions de tonnes et cette diminution ne sera guère inférieure à 10 millions de tonnes pendant la seconde année de paix. Il est certain que les fosses de Lens et de Liévin, peut-être aussi celles de Meurchin, demeurent hors de compte pour des années, avec leur production qui atteint en chiffres ronds 5 millions 1/2 de tonnes.

L'excédent de main-d'œuvre qui se manifestera après la guerre donnera lieu à des émigrations qui pourront, par la suite, créer des difficultés quand il y aura lieu de combler les vides.

RÉPERCUSSIONS SUR L'ALLEMAGNE. — REMPLACEMENT DES MACHINES

Les mines de houille du Nord de la France ont, par suite de la guerre, perdu tant de machines que, si elles veulent se remettre rapidement au travail, elles seront forcées de s'adresser à l'étranger. Quelles que soient les modalités du rétablissement des rapports politiques entre la France et l'Allemagne, l'industrie mécanique allemande profitera en toutes circonstances de sa bonne réputation, l'Angleterre et l'Amérique n'étant pour ainsi dire pas introduites dans la région.

L'industrie française du coke entre en jeu comme concurrente de l'Allemagne, sur le marché français, en tant qu'elle cherche à diminuer l'écoulement considérable du coke allemand sur ce marché (en 1912-13, plus de 2 millions 1/2 de tonnes annuellement).

Il est peu vraisemblable que les mines qui fournissent le charbon à coke soient en mesure de le livrer en quantités suffisantes pour subvenir entièrement aux besoins des fours, de sorte que les usines à coke devront avoir recours, dans une large mesure, aux charbons étrangers, notamment au charbon gras allemand. La concurrence anglaise n'entrera guère en jeu, après la guerre, pour cette catégorie d'acheteurs voisins de l'Allemagne, en raisons des frets maritimes élevés.

Quand ils auront été remis en état, les fours à coke de la Compagnie de Lens seront, pendant des années, obligés de se fournir de charbons à coke étrangers ; car le charbon gras des mines de la Compagnie de Lens leur fera défaut par suite de la destruction des travaux et de l'inondation du bassin minier. On a peine à supposer que Lens reprendra la fabrication du coke avant l'exploitation de ses propres charbons. Les établissements ainsi atteints comprennent 554 fours avec fabrication de produits dérivés et une production annuelle de 620.000 tonnes de coke.

Même si les riches gisements de fer et de charbon du territoire français occupé par les troupes allemandes devaient rester à la France, il est à prévoir pour l'Allemagne qu'elle aura à livrer un pourcentage plus élevé que par le passé du déficit laissé par la production française.

PEIGNAGE DE LA LAINE

DOMMAGES DE GUERRE

Il est à peu près impossible d'évaluer en leur totalité les dommages de guerre. Les pièces en cuivre des peignages ont été enlevées ; les installations des chaudières et les machines à laver avec leur corps en cuivre perforé ont été également atteintes par cette réquisition.

Il s'agit de pièces qu'il est impossible de remplacer rapidement. En outre, les courroies ont été enlevées presque sans exception.

A moins qu'on ne remplace provisoirement de nombreuses pièces en cuivre par des pièces en fer, il faudra au moins un an pour remettre les peignages en marche, ce qui doit avoir sa répercussion sur toute l'industrie de la filature de la laine ; car celle-ci ne pourra recommencer à travailler avant de disposer de traits en quantités suffisantes.

RÉPERCUSSIONS SUR L'ALLEMAGNE

La première répercussion sur l'Allemagne se manifestera par la mise à contribution plus intense que précédemment des filatures allemandes. Si elles disposent de matières premières en quantités suffisantes, elles auront vraisemblablement à travailler nuit et jour à plein rendement.

Quant à savoir s'il sera possible de faire disparaître après la guerre la supériorité de la France dans le domaine de la fabrication des laines peignées, c'est un problème dont la solution dépend de l'activité des peignages allemands et de la mobilité du marché allemand de la laine.

La situation défavorable des peignages français après la conclusion de la paix assure aux peignages allemands un avantage qu'ils doivent mettre à profit en établissant des prix modérés.

INDUSTRIE ÉLECTRO-TECHNIQUE
ET USINES D'ÉLECTRICITÉ

DOMMAGES DE GUERRE

Étant donnée l'importance relativement minime de l'industrie électro-technique dans le territoire occupé par les troupes allemandes, les dommages de guerre n'ont pas infligé de dégâts sérieux à l'ensemble de cette branche industrielle. Si gravement qu'aient été endommagées les diverses entreprises situées sur le territoire en question par suite de la réquisition des machines et des matières premières, notamment du cuivre, il faut admettre qu'après la conclusion de la paix un délai d'un an environ sera suffisant pour rendre aux établissements dont il s'agit leur entière capacité de production, après acquisition des machines nécessaires. Toutefois l'industrie française éprouvera de grandes difficultés, après la fin de la guerre, pour se procurer des ingénieurs et des ouvriers en nombre suffisant.

RÉPERCUSSIONS SUR L'ALLEMAGNE

Le démontage d'un grand nombre d'installations électriques dans les entreprises industrielles du territoire occupé, ainsi que la réquisition des canalisations en cuivre, créeront des besoins extrêmement élevés en matériel électrique de toute nature.

Il n'est pas douteux qu'après le rétablissement des conditions du temps de paix, l'industrie française ne sera plus en état de satisfaire aux besoins en machines électriques, en transformateurs et en appareillage qui se manifesteront, d'autant qu'il s'agira alors de remettre en pleine exploitation, dans le plus bref délai possible, toute l'industrie française du territoire occupé. L'industrie allemande pourra-t-elle, en dépit de la profonde aversion des industriels, reconquérir sa position sur le marché français du matériel électro-technique et contribuer

dans une proportion importante à faire face à une demande
considérable ? La réponse à cette question dépend en grande
partie du règlement définitif de nos rapports avec la France.

ATELIERS DE CONSTRUCTION MÉCANIQUE

DOMMAGES DE GUERRE

Les dommages de guerre directs ne sont pas très importants,
car un petit nombre seulement d'usines situées dans le territoire occupé ont été détruites. Toutefois 10 à 12 usines ont
été complètement anéanties.

RÉPERCUSSION SUR L'ALLEMAGNE

Il est difficile de déterminer quelle sera la répercussion sur
l'Allemagne. Un grand nombre d'entre les machines réquisitionnées doit déjà avoir été commandé en Amérique et sera
disponible aussitôt après la conclusion de la paix. Il serait à
désirer que l'industrie mécanique allemande participât à la
reconstruction de l'industrie mécanique du territoire occupé,
d'autant que cette dernière sera certainement développée.

BRASSERIES ET MALTERIES

DOMMAGES DE GUERRE

Les faits de guerre n'ont occasionné que de légers dommages aux bâtiments des brasseries, exception faite naturellement pour celles, assez nombreuses, qui se trouvent dans la zone
de feu.

Les brasseries ont subi de lourds dommages par suite de l'enlèvement des pièces en cuivre.

Seules ont été préservées celles qui ont brassé pour les troupes ou qui ont été exploitées directement par l'armée comme brasseries militaires. Leur nombre n'est pas élevé.

L'industrie brassicole du territoire occupé peut être considérée en majeure partie comme anéantie. Certains propriétaires de brasseries, les mieux placés au point de vue pécuniaire, auront besoin d'un délai de deux ans au moins pour le rétablissement de leur exploitation, s'ils remplacent en partie le cuivre par le fer.

RÉPERCUSSIONS SUR L'ALLEMAGNE

Une bonne partie des commandes reviendrait à l'industrie mécanique allemande, si elle pouvait assurer des délais de livraison plus courts que ses concurrents anglais et américains.

MOULINS A HUILES

DOMMAGES DE GUERRE

Les dommages aux bâtiments ont été occasionnés en partie par l'incendie, le feu de l'artillerie et les bombes d'aviateurs, en partie par l'enlèvement de pièces de bois par les troupes. Les dommages aux machines ont été provoqués moins par les bombardements que par l'enlèvement de machines entières ou de pièces de machines et par la rouille. En outre, des dommages matériels ont été occasionnés par les réquisitions de cuivre, de courroies, de sacs, de fûts, etc, ainsi que par la démolition de bâtiments transformés en cantonnements, écuries, magasins, exploitations techniques pour l'armée.

Même dans les fabriques les moins éprouvées, il faudra plusieurs mois de travail pour remettre les machines et les bâtiments en état. Le remplacement des pièces de machines présoutera une difficulté spéciale. Ces pièces ne pourront être obtenues qu'avec beaucoup de peine.

RÉPERCUSSIONS SUR L'ALLEMAGNE

A supposer qu'il se trouve des chefs d'entreprise et des capitaux pour entreprendre la reprise de l'exploitation, il faudra souvent renoncer à la remise en état aussi coûteuse que compliquée des machines endommagées et recourir à l'achat de nouvelles machines, afin de s'assurer du même coup les avantages d'une installation moderne. En raison de leurs qualités et de leur réputation, les machines allemandes viendront ici en première ligne en concurrence avec les machines anglaises.

INDUSTRIE DU PAPIER

DOMMAGES DE GUERRE

Les dommages occasionnés par la guerre aux machines et aux bâtiments de l'industrie du papier sont assez considérables, car il s'agit principalement de l'enlèvement des conduits importants en cuivre, de formes et de cylindres en laiton, dont le remplacement sera difficile après la guerre.

Par exemple, dans les seules fabriques de papier de Bousbecque, il a été démonté environ 90 tonnes de cuivre ouvré.

RÉPERCUSSIONS SUR L'ALLEMAGNE

L'industrie mécanique allemande qui, avant la guerre, a trouvé dans l'industrie du papier un débouché si important pour ses machines, devrait s'efforcer de contribuer à la remise en état des fabriques, afin d'éliminer ainsi la concurrence qui ne manquera pas de surgir, notamment de la part de l'Amérique. Les machines américaines pourraient autrement s'implanter facilement dans cette industrie, d'où il serait ensuite difficile de les expulser.

INDUSTRIE DU VÊTEMENT

DOMMAGES DE GUERRE

Les dommages occasionnés par la guerre à l'industrie du vêtement sont très grands. Le nombre des fabriques entièrement anéanties, celles dont le chiffre d'affaires annuel est d'environ 10 millions de francs, est toutefois minime. Il est douteux que ces fabriques soient reconstruites après la guerre.

On ne peut prévoir si le remplacement des machines à coudre réquisitionnées offrira des difficultés ; de nombreuses ouvrières n'auront pas les moyens d'acheter une nouvelle machine ; en ce qui concerne les ateliers, il s'agit de 1,163 machines enlevées ou endommagées. L'acquisition des étoffes nécessaires demandera également un délai considérable ; car il s'agit de quantités importantes et toutes les étoffes ont été transportées en Allemagne ou utilisées directement pour l'habillement des troupes.

INDUSTRIE DU COTON

DOMMAGES DE GUERRE

Les dommages de guerre qu'a subis l'industrie de la filature et du retordage du coton ne sont pas trop considérables. Les bombardements, et surtout l'explosion de Lille du 10 février 1916, ont eu pour conséquence un déchet total d'environ 100.000 broches et 70.000 broches à retordre.

Afin d'abriter la troupe et les chevaux, les machines ont été démontées dans 6 exploitations comptant environ 100.000 broches à retordre et sont, par suite, devenues inutilisables pour la plus grande partie ; dans plusieurs cas, toutes les machines, ainsi que les machines à préparer, ont été exposées à la pluie, de sorte qu'il est douteux qu'on puisse les utiliser de nouveau.

RÉPERCUSSIONS SUR L'ALLEMAGNE

Il est impossible de fixer, même d'une façon approximative, le délai qui sera nécessaire après la conclusion de la paix pour pouvoir reprendre l'exploitation, acquérir les matières premières réquisitionnées ainsi que les courroies, remplacer les nombreuses cardes détériorées et exécuter les réparations nécessaires aux machines ; trop de facteurs inconnus entrent ici en jeu.

Dans le territoire occupé, la grande masse des broches et des broches à retordre ne pourra fonctionner que six à huit mois après que l'industrie allemande correspondante aura repris son exploitation.

INDUSTRIE DU JUTE

DOMMAGES DE GUERRE

Les dommages de guerre apparents peuvent être considérés comme insignifiants.

RÉPERCUSSIONS SUR L'ALLEMAGNE

Après la guerre, l'exportation française de fils de jute subira certainement un recul par suite de l'augmentation des besoins intérieurs. L'Allemagne doit donc compter sur une diminution des importations pour les premières années de paix ; dès lors, l'installation en Allemagne de tissages pour le jute fin devra être rémunératrice.

FABRIQUES DE FICELLES ET CABLERIES

DOMMAGES DE GUERRE

Les dommages de guerre subis par les filatures de chanvre et les câbleries ne sont pas négligeables.

Six exploitations se trouvent dans un état tel que leur remise en activité, après la conclusion de la paix, paraît extrêmement douteuse.

Dans ces exploitations, il faudra remplacer entièrement l'outillage ; dans les autres câbleries, on a enlevé de nombreuses pièces en cuivre et courroies, de sorte que, ici encore, un temps très long sera nécessaire pour leur remise en activité.

POSSIBILITÉS
DE DÉBOUCHÉS POUR LES MACHINES ALLEMANDES

Les fabriques de machines de Chemnitz et de Barmen doivent essayer d'obtenir les commandes pour la reconstruction de câbleries dans la zone de guerre ; les machines allemandes sont spécialement vantées par les contremaîtres et leur supériorité sur les machines anglaises est franchement reconnue.

INDUSTRIES TEXTILES
LIN, CHANVRE ET RAMIE

DOMMAGES DE GUERRE

Les dommages de guerre occasionnés aux bâtiments et aux machines par suite de bombardements, d'incendies et d'occupation par les troupes ne sont pas importants, si l'on considère le nombre total des filatures, quoique certaines filatures aient été très fortement atteintes.

Il ne faut pas sous-estimer toutefois les dommages qui ont été occasionnés par suite de l'enlèvement de courroies, de pièces en cuivre, d'électros-moteurs, etc. ; car la possibilité du remplacement de ces moteurs et de ces pièces dépendra, après la guerre, des circonstances les plus diverses. Cette remise en activité dépendra aussi du recrutement d'une quantité suffisante de main-d'œuvre, de la substitution, qui sera sans doute nécessaire sur une grande échelle, à la main-d'œuvre masculine de femmes et de jeunes gens, du remplacement rapide des matières premières enlevées, de la possibilité d'exécution immédiate des travaux de réparation, enfin de la consolidation de la situation financière des divers établissements.

RÉPERCUSSIONS SUR L'ALLEMAGNE

Après la guerre, une forte demande de fils de lins se manifestera certainement sur le marché français, demande à laquelle les filatures françaises parviendront difficilement à faire face, tout au moins pendant les premières années. En aucun cas, la France ne pourra, pendant cette période, exporter de fils de lin en Allemagne. Les filatures de lin allemandes devront donc s'organiser pour augmenter leur fabrication de ce produit.

PRODUITS
DÉRIVÉS DE L'INDUSTRIE DU COKE
ET DE LA DISTILLATION DU GOUDRON

DOMMAGES DE GUERRE

Avec la destruction des principales installations, telles que celle de la Société de Lens, cette industrie a reçu un coup très rude.

RÉPERCUSSIONS SUR L'ALLEMAGNE

Il faut donc prévoir, après la guerre, un accroissement des exportations en France des produits de l'industrie allemande du charbon et du goudron.

Les consommateurs français de ces produits devront, pendant les premières années qui suivront la guerre, recourir, plus que par le passé, aux importations allemandes, anglaises ou belges.

RETORDAGE

DOMMAGES DE GUERRE

Les dommages de guerre subis dans les fabriques de retordage sont tels que, pour quatre exploitations, il faut compter environ un an après la conclusion de la paix pour la remise en activité ; la fabrique Hassebrouck Frères, à Comines, doit être considérée comme complètement anéantie.

PROJET D'UNE SECTION FINANCIÈRE DE LA LIGUE DES NATIONS

Présenté par M. L. L. KLOTZ

LE 4 FÉVRIER 1919

ANNEXE II

COMMISSION DES RÉPARATIONS (SOUS-COMMISSION)

Séance du 4 février 1919.

PROJET

D'UNE

« SECTION FINANCIÈRE DE LA LIGUE DES NATIONS »

Présenté par M. L. L. KLOTZ

La Ligue des Nations comprend une Section financière :

I. — COMPOSITION DE LA SECTION FINANCIÈRE

1° La Section financière aura son siège à...

2° Elle sera composée de... membres. La France y sera représentée.

3° Le Président, désigné par la Section, sera choisi pour un an, à tour de rôle, parmi les représentants de certaines Puissances, dont la France.

4° Seront admis à être représentés à la Section et à exercer immédiatement après (ou concurremment avec) les Etats alliés et associés un privilège pour le recouvrement de leurs créances sur l'Allemagne, l'Autriche-Hongrie, la Turquie, la Bulgarie ou leurs ressortissants, les Etats neutres qui se seront engagés à prendre toutes mesures utiles pour :

a) Assurer sur leur territoire l'application des clauses financières du traité de paix, notamment la saisie des avoirs allemands, autrichiens, hongrois, turcs et bulgares, la perception des taxes prévues au traité, les exemptions fiscales et autres facilités permettant les échanges de titres consécutifs aux règlements de dettes ;

b) Empêcher l'évasion fiscale par une entente internationale ;

c) Protéger d'une manière efficace les porteurs de titres dépossédés par faits de guerre, réprimer les vols et recels de titres ;

Ne pourront être admis à la Ligue des Nations, les Etats qui auraient révoqué les engagements régulièrement pris par eux à l'égard des porteurs de leur dette actuellement en circulation.

5° Les frais généraux de la Section financière sont couverts par un prélèvement sur les annuités perçues. Le montant de ce prélèvement sera fixé et pourra être modifié par la Section.

II. — ATTRIBUTIONS DE LA SECTION FINANCIÈRE

§ I. — ATTRIBUTIONS ADMINISTRATIVES.

La Section financière exercera un contrôle supérieur et permanent sur toutes les Commissions internationales ou organismes de contrôle financier présents ou futurs, plus particulièrement sur ceux qui seront institués par le Traité de paix, dans les territoires de l'Allemagne, de l'Autriche-Hongrie, de la Turquie et de la Bulgarie, à l'effet de percevoir des revenus suffisants pour garantir le paiement des annuités dues aux Etats alliés et associés et à leurs ressortissants.

§ II. — ATTRIBUTIONS JURIDICTIONNELLES.

1° Elle aura pour mission d'interpréter les clauses financières et économiques du Traité de paix et de veiller à leur application.

2° Elle jugera en dernier ressort tous les litiges d'ordre financier et économique qui pourraient naître de l'application des dispositions inscrites dans le traité de paix, soit entre les Etats, soit entre les Commissions internationales, soit entre les Commissions internationales et les Etats dont elles perçoivent les revenus.

3° Elle prononcera sur les conflits d'attribution qui pourraient s'élever entre les Commissions internationales.

4° Elle aura le pouvoir d'accorder, r ec ou sans intérêt et sous réserve des droits acquis, des termes et délais aux États débiteurs, si les circonstances le justifient.

5° Elle pourra provoquer de la part des Etats alliés et associés toutes mesures complémentaires de coercition nécessaires pour contraindre les Etats débiteurs à remplir leurs obligations (occupation militaire, saisie d'avoirs à l'étranger, prises d'hypothèques nouvelles sur biens et concessions et autres sanctions pouvant aller jusqu'à l'exclusion de la Ligue des Nations).

6° Seront exclus de la Ligue des Nations, les Etats qui commettraient des actes qui auraient été de nature à entrainer leur non-admission, particulièrement ceux qui répudieraient leurs dettes ou en suspendraient le service sans conclure un arrangement avec leurs créanciers dans les délais fixés par la Section financière.

§ III. — ATTRIBUTIONS FINANCIÈRES.

1° La Section centralisera, avant leur mise en application, les états de répartition et d'affectation d'avoirs et annuités établis par les Commissions financières internationales.

Elle facilitera, avec l'agrément des intéressés, les compensations entre les Etats qui se trouveront respectivement créanciers et débiteurs ; elle donnera effet aux délégations qu'ils auraient consenties, le tout sous réserve de priorités et affectations spéciales établies par le Traité de paix ou par d'autres contrats. La compensation ci-dessus prévue sera de droit, lorsqu'il s'agira d'Etats qui n'auront pas rempli les obligations financières à eux imposées par le Traité de paix.

2° Au cas où un Etat voudrait affecter à la garantie d'un emprunt particulier tout ou partie des annuités qui lui sont réservées, la Section financière pourra se charger de la conservation du gage ou de son emploi conformément aux stipulations du contrat d'émission de l'emprunt.

3° Elle pourra également faire aux Etats représentés à la Section des avances portant intérêts, dont le montant ne pourra dépasser deux des annuités versées à l'Etat emprunteur.

Ces avances seront faites au moyen de bons, dont l'échéance ne devra pas excéder deux ans et qui auront, entre les Etats contractants, la même force libératoire que l'or dans les échanges entre les Etats contractants. Ces bons jouiront de la garantie solidaire des Puissances qui participeront à la Section.

4° La Section financière concentrera, sur la demande des intéressés, les opérations de change relatives aux effets commerciaux qui auront pu être remis aux divers Etats en règlement de leurs créances sur l'indemnité.

§ IV. — ATTRIBUTIONS DIVERSES.

La Section financière pourra être appelée ultérieurement à procéder au règlement des dettes contractées par des Etats qui manqueraient à leurs engagements et à déterminer les gages qu'ils seraient tenus d'affecter à leurs créanciers.

Elle pourra provoquer la réunion de conférences internationales pour l'unification des législations en vigueur, en ce qui concerne la protection des porteurs de titres dépossédés par des faits non connexes à l'état de guerre, les lettres de change, les contrats maritimes, les contrats de transports et d'assurance, etc.

AVANT-PROJET
DE LIQUIDATION DES FRAIS DE GUERRE
Présenté par M. L. L. KLOTZ
LE 12 AVRIL 1919

ANNEXE III

COMMISSION DES RÉPARATIONS (SOUS-COMMISSION)

Séance du 12 avril 1919.

AVANT-PROJET

DE LIQUIDATION DES FRAIS DE GUERRE (1)
Présenté par M. L. L. KLOTZ

PROJET DE CONVENTION

ARTICLE PREMIER. — Les frais de guerre des Etats alliés, associés, neutres sont supportés en commun par l'ensemble des Nations.

ART. 2. — Une Régie générale est chargée de la liquidation de ces frais de guerre.

ART. 3. — Pendant toute la durée de cette liquidation, la Régie générale reçoit le versement du produit de taxes spéciales instituées dans toutes les Nations sur la base de taux uniformes.

Ces taxes seront établies :

a) A la production, sur les principales matières premières et sur les principaux produits naturels ;

---

(1) A proposer au cas où le suprême Conseil de guerre interallié déciderait que le remboursement des frais de guerre ne serait pas exigé de l'ennemi. Commission financière (4º S. C. P. V., nº 4).

b) Sur les communications postales, télégraphiques, téléphoniques;

c) Sur les transports des voyageurs par terre, mer ou air.

Ces taxes seront perçues sur chacun des Etats sur son territoire, et leur produit sera remis tous les trois mois à la Régie
générale.

Ces taxes seront également perçues dans les Etats allemands,
austro-hongrois, bulgare et ottoman avec un tarif triple du tarif
général. Leur produit sera remis aux Commissions financières
interalliées des Dettes allemande, austro-hongroise, bulgare
et ottomane, dont la création et le fonctionnement seront prévus
par les traités de Paix, sous les conditions stipulées pour les
taxes, impôts, revenus affectés spécialement au paiement des
annuités dues à l'ensemble des Gouvernements alliés et associés
par l'Allemagne, l'Autriche-Hongrie, la Bulgarie et la Turquie.

L'annexe 1 indique à titre d'exemple la liste de ces taxes, leur
tarif et les modalités de perception.

Toute modification dans l'assiette ou le tarif de ces taxes est
décidée par la Régie générale, après acceptation de chacun des
Gouvernements.

ART. 4. — Chacun des Etats alliés, associés, neutres fait
connaître à la Régie générale le montant total de ses frais de
guerre, établi comme il est indiqué à l'annexe 2.

La section financière de la Ligue des Nations vérifie et arrête
contradictoirement les états de frais.

ART. 5. — La Régie générale répartit entre les Etats alliés,
associés, neutres, au prorata du montant de leurs frais de guerre,
les versements qu'elle recevra dans les conditions prévues à
l'article 3.

ART. 6. — En cas d'inexécution ou de retard par un des
Etats contractants, de la perception ou du versement des taxes
visées à l'article 3, et si cette inexécution ou ce retard persiste
pendant plus de 6 mois, la Régie générale suspendra tout versement à l'Etat intéressé.

ART. 7. — La Régie générale porte devant la Ligue des
Nations toutes difficultés qu'elle ne peut résoudre à l'amiable
avec les Etats contractants.

(Annexe 1)

LIQUIDATION DES FRAIS DE GUERRE

En exécution des principes posés à l'article 3, il est établi dans toutes les Nations alliées, associées, neutres, des taxes *ad valorem*.

DÉSIGNATIONS	TARIF pour toutes les Nations autres que l'Allemagne l'Autriche-Hongrie la Bulgarie et la Turquie	TARIF pour l'Allemagne l'Autriche-Hongrie la Bulgarie et la Turquie	OBSERVATIONS
1° Sur			Perçue à la production
Bêtes de somme et bétail.	1 p. 100	3 p. 100	—
Poisson frais et poisson salé.	1 —	3 —	—
Blé et autres céréales . .	1 —	3 —	—
Pommes de terre. . . .	1 —	3 —	—
Riz	1 —	3 —	—
Fruits frais.	1 —	3 —	—
Vin	1 —	3 —	—
Bière.	1 —	3 —	—
Alcools	1 —	3 —	—
Alcool dénaturé . . .	1 —	3 —	—
Sucre.	1 —	3 —	—
Café	1 —	3 —	—
Tabac en feuilles. . .	1 —	3 —	—
Peaux brutes	1 —	3 —	—
Laine en masse ou en peaux.	1 —	3 —	—
Soie	1 —	3 —	—
Graines et fruits oléagineux.	1 —	3 —	—
Bois bruts et sciés . . .	0.50 —	1.50 —	—
Coton.	1 —	3 —	—
Lin et chanvre. . . .	1 —	3 —	—
Jute et autres filamenteux.	1 —	3 —	—
Camphre.	1 —	3 —	—
Caoutchouc brut . . .	1 —	3 —	—
Opium	1 —	3 —	—
Marbres, pierres, terres. .	0.50 —	1.50 —	—
Diamant brut	1	3 —	—

DÉSIGNATIONS	TARIF pour toutes les Nations autres que l'Allemagne l'Autriche-Hongrie la Bulgarie et la Turquie	TARIF pour l'Allemagne l'Autriche-Hongrie la Bulgarie et la Turquie	OBSERVATIONS
Chaux, ciment, plâtre . .	0.50 p. 100	1.50 p. 100	Perçue à la production
Nitrate et phosphates . .	0.50 —	1.50 —	—
Bitumes et asphaltes. . .	0.50 —	1.50 —	—
Houille			—
Electricité	0.50 —	1.50 —	—
Huiles minérales. . . .	0.50 —	1.50 —	—
Soufre	1 —	3 —	—
Minerais de { Fer . . .	0.50 —	1.50 —	—
Cuivre . .	1 —	3 —	—
Etain . .	1 —	3 —	—
Plomb . .	1 —	3 —	—
Zinc . .	1 —	3 —	—
Argent . .	1 —	3 —	—
Autres minerais	1 —	3 —	—
Soude	0.50 —	1.50 —	—
Potasse	0.50 —	1.50 —	—
2° Communications :			
Postales, télégraphiques et radiotélégraphiques, téléphoniques et radiotéléphoniques	1 —	3 —	
3° Les recettes voyageurs			
a) Sur terre (chemins de fer, voitures publiques de location).	1 —	3 —	
b) Sur mer.	1 —	3 —	
c) Par air	1 —	3 —	

Ces taxes sont perçues par chacune des Nations contractantes dans les conditions réglées par les différentes législations internes.

Toute nation intéressée pourra contracter avec la Régie générale des abonnements pour une ou pour plusieurs des taxes. Ces abonnements devront être renouvelés chaque année. Ils seront établis sur la production pendant l'année antérieure à la demande de la matière première pour laquelle l'abonnement est demandé. Le montant de cette production devra être justifié par des pièces officielles, statistiques, déclarations, etc.

Les taxes sont perçues en Allemagne, en Autriche-Hongrie, en Bulgarie et en Turquie dans les conditions prévues par les traités de Paix pour la perception des taxes, impôts, revenus spéciaux servant à gager le paiement des annuités dues aux Etats alliés et associés par l'Allemagne, l'Autriche-Hongrie, la Bulgarie et la Turquie.

Les versements à la Régie générale par les différentes Nations contractantes et par les Commissions financières interalliées des Dettes allemandes, austro-hongroise, bulgare et ottomane ont lieu tous les trois mois.

(Annexe 2)

LIQUIDATION DES FRAIS DE GUERRE

Sont comprises dans les dépenses de guerre, les dépenses représentées par :

Les soldes et indemnités afférentes, l'entretien et le transport des officiers et hommes de troupe des armées de terre et de mer ;

La fabrication, l'acquisition et l'entretien du matériel militaire de toute sorte des armées de terre et de mer et des chevaux ;

Les travaux militaires ;

Les allocations aux familles des mobilisés

(Sous réserve de toutes modifications et additions ultérieures).

PRINCIPES DES RÉPARATIONS
(PROJET DE LA DÉLÉGATION FRANÇAISE)
3 FÉVRIER 1919

ANNEXE IV

———

1ʳᵉ SÉANCE DE LA COMMISSION DES RÉPARATIONS
3 février 1919.

PRINCIPES DES RÉPARATIONS
(Projet de la Délégation Française).

1° Toutes les jurisprudences et tous les droits modernes (allemand, américain, anglais, français, etc.) professent ou appliquent des principes identiques en matière de réparations et de dommages.

Tous proclament, presque dans les mêmes termes, que celui qui, par sa faute, a porté atteinte « à la vie, au corps, à la santé, à la liberté, à la propriété et à tout droit d'un autre » (art. 823 du Code civil allemand) doit être condamné, de ce chef, à « rétablir l'ordre de choses qui aurait existé, si la circonstance ayant donné lieu à l'obligation ne fût pas survenue » (art. 249 du même Code).

Du fait de l'Allemagne :

Des hommes, combattants ou non, des femmes, des enfants, des vieillards ont été tués, mutilés, blessés, atteints par les maladies nées de la guerre dans les sources même de leur vie : « Atteintes à la vie, au corps, à la santé ; »

Des hommes, des femmes, des enfants ont été réduits en esclavage, contraints au travail forcé sous le joug de l'envahisseur : « atteintes à la liberté ; »

Des populations entières, actives et vaillantes, ont vu, sous leurs yeux, en quelques semaines, parfois même en quelques heures, anéantir le produit du labeur accumulé par des générations : « Atteintes à la propriété. »

L'Allemagne doit réparer l'intégralité des dommages qu'elle a causés. C'est le seul moyen de rétablir, comme son droit l'ordonne, « l'ordre de choses qui aurait existé », si la guerre « ne fût pas survenue » de son fait et par sa faute.

Comme sanction pour le passé, comme exemple pour l'avenir, elle doit s'acquitter de la totalité de sa dette.

2° Mais si tous ses créanciers, à savoir les Puissances alliées et associées, sont tous également dignes d'intérêt et doivent être placés sur le même plan, il n'en est pas de même de toutes les catégories de créances. Certaines ont droit à un ordre privilégié.

Le privilège d'une créance, c'est le droit qu'elle possède, en raison de sa qualité et indépendamment de la personne du créancier, d'être payée par préférence à toute autre.

3° Indépendamment et au-dessus des créances privilégiées, dont il appartiendra à la Commission de dresser la liste et d'établir l'ordre, il faut retenir l'action en revendication.

Si un débiteur a appréhendé les biens d'autrui, il en doit restitution avant que ses créanciers lui puissent réclamer aucun remboursement. Leur propriétaire a le droit de les reprendre avant tout partage des biens du débiteur par ses créanciers. Les biens d'un débiteur ne sont, en effet, le gage commun de ses créanciers qu'autant qu'ils lui appartiennent légitimement.

Le propriétaire conserve son droit privilégié de restitution, alors même que les objets appréhendés, ayant été anéantis ou rendus inutilisables par le débiteur, ne se retrouvent plus en nature dans son patrimoine.

S'il en était autrement, il appartiendrait au débiteur, en détruisant par malice ou en consommant par intérêt les objets appréhendés, de priver la victime dépouillée d'exercer son droit de propriété. Elle réduirait le propriétaire de biens appréhendés au rang des créanciers ordinaires qui se partagent également les biens du débiteur.

ANNEXE V

———

AVANT-PROJET

DES

CLAUSES FINANCIÈRES A IMPOSER A L'ALLEMAGNE

Présenté par M. L. L. Klotz

au Conseil Suprême

28 mars 1919

ANNEXE V

DISPOSITIONS A IMPOSER A L'ALLEMAGNE CLAUSES FINANCIÈRES (1).

28 mars 1919

AVANT-PROJET

PRÉSENTÉ PAR M. L. L. KLOTZ AU CONSEIL SUPRÊME.

SECTION I

RÉPARATION DES DOMMAGES

ARTICLE PREMIER. — L'Allemagne s'oblige, dans les conditions qui sont définies à l'annexe 1, à réparer tous dommages de guerre causés :

1° Aux biens appartenant aux Etats alliés et associés (2) et à leurs ressortissants (2).

2° Aux personnes ressortissantes (2) aux Etats alliés et associés.

ART. 2. — En conséquence :

1° L'Allemagne doit restituer à chacun des Gouvernements alliés et associés intéressés :

(1) Le remboursement des frais de guerre ne figure pas actuellement au nombre des réparations à demander à l'Allemagne par le présent Avant-Projet.

La question reste en suspens, tant que le Conseil suprême de guerre interallié n'aura pas répondu à la question qui lui a été soumise par la Commission des Réparations des Dommages dans sa séance du 19 février 1919.

(2) Voir note jointe n° 1.

a) Dans le délai de six mois à dater de la mise en vigueur de la présente Convention :

Tous objets mobiliers appartenant à des ressortissants alliés et associés qui peuvent être retrouvés en nature sur les territoires allemands (1), tels que les meubles meublants, œuvres d'art, titres, valeurs, espèces, ainsi que les machines, le matériel, le cheptel, les navires de commerce et de pêche.....

b) Dans le délai d'un an : les objets fongibles équivalents à des objets de même nature détruits ou consommés ;

2° L'Allemagne doit remplacer dans le délai d'un an à dater de la mise en vigueur de la présente Convention : lorsque les Gouvernements alliés et associés le demandent, les objets mobiliers détériorés ou enlevés ainsi que les machines, le matériel, le cheptel, les navires de commerce et de pêche... par des objets de même nature prélevés sur les biens existants sur les territoires allemands (1) et n'appartenant pas aux ressortissants alliés et associés.

Les conditions dans lesquelles s'effectueront ces restitutions à l'identique ou à l'équivalent et ces prélèvements sont fixées à l'annexe 2.

Art. 3. 1° Toutes les obligations mises à la charge de l'Allemagne par l'art. 1er, en dehors de celles qui auront été remplies au moyen de restitutions ou remplacements en nature prévus à l'article précédent, donnent lieu à une compensation dont le montant est fixé en espèces dans les conditions déterminées à l'annexe 3 ;

2° Le montant des compensations en espèces à réclamer à l'Allemagne en vertu du paragraphe précédent est arrêté par des Commissions régionales d'expertise, composées de représentants des États alliés et associés. Une Commission centrale interalliée arbitre tous différends qui pourraient surgir ;

3° Au fur et à mesure des décisions des Commissions d'expertise, des titres de reconnaissance de dette sont remis par le Gouvernement allemand au Gouvernement intéressé. Ces titres sont négociables. Ils sont restitués au Gouvernement allemand contre tout paiement correspondant en espèces ou en nature.

Art. 4. Sans préjudice de toutes réparations dues pour

(1) Tels qu'ils auront été délimités par la présente Convention.

dommages subis dans leurs intérêts ou leurs personnes, l'Allemagne doit rétablir, conformément aux dispositions de l'annexe 4, les États alliés et associés et leurs ressortissants :

1° Dans la pleine jouissance des biens et intérêts leur appartenant en territoires allemands (1) ou autrefois occupés par les armées allemandes ;

2° Dans l'intégralité des droits de créance résultant envers l'Allemagne et ses ressortissants de conventions légalement formées avant le 11 novembre 1918.

Les biens et intérêts des ressortissants des États alliés et associés sur les territoires allemands (1) ne pourront être frappés par aucune charge fiscale, par aucune disposition légale ou réglementaire, présente ou future, qui les soumettrait à un traitement moins favorable que celui des ressortissants de l'Empire Allemand.

En outre, les ressortissants des États alliés et associés ne pourront être frappés dans leurs biens et intérêts par aucune taxe ou impôt, présent ou futur, établi en Allemagne pour faire face aux dépenses de tous ordres nées de la guerre.

SECTION II

CLAUSES DIVERSES

Art. 5. Tous contrats légalement formés avant le 11 novembre 1918 entre les États alliés et associés et leurs ressortissants, d'une part, l'Allemagne et ses ressortissants d'autre part, sont nuls et non avenus pour toute la partie qui n'avait pas reçu exécution antérieurement à l'existence de l'état de guerre entre l'Allemagne et chacun des États intéressés, sous réserve des exceptions et règles spéciales à certaines catégories de contrats, telles qu'elles seront fixées dans une convention ultérieure.

Sont exceptés de l'annulation les contrats dont un des Gouvernements alliés et associés aura, pour un intérêt national, demandé l'exécution dans un délai de six mois à partir de la mise en vigueur de la présente convention.

(1) Tels qu'ils auront été délimités par la présente Convention.

Art. 6. L'Allemagne confirme sa renonciation, prévue par l'article 15 de la Convention d'armistice du 11 novembre 1918, au bénéfice de toutes les stipulations insérées dans les Traités de Bucarest et de Brest-Litowsk et traités complémentaires. Elle renonce également au bénéfice de toutes les stipulations insérées dans les traités conclus après le 1er août 1914 avec d'autres Etats ou Nations notamment dans les traités conclus avec la Finlande, la Pologne et les Etats Baltiques.

Elle s'engage à restituer conformément aux indications des Gouvernements alliés et associés toutes espèces d'instruments monétaires, valeurs ou produits qu'elle a reçus en exécution desdites stipulations.

Art. 7. L'Allemagne renonce à toute représentation et participation que des traités, conventions ou accords quelconques lui assuraient dans les commissions, agences et en général dans toutes les organisations administratives, financières ou économiques internationales de contrôle ou de gestion, fonctionnant dans l'un quelconque des Etats alliés et associés ou en Autriche-Hongrie, en Bulgarie ou en Turquie, ou dans les possessions et dépendances des Etats susdits, ainsi que dans l'ancien Empire russe.

Ladite renonciation s'applique également à toute représentation ou participation analogue que l'Allemagne pouvait avoir en pays neutres, lorsque les Gouvernements de ces pays ont fait connaître leur accord.

Art. 8. L'Allemagne exécutera tous les engagements d'ordre financier ou économique qu'elle avait pris antérieurement au 3 novembre 1918, vis-à-vis des anciens Etats Austro-Hongrois, Turcs et Bulgares et de leurs ressortissants (avances, ouvertures de crédit, conventions douanières, monétaires, etc.).

Elle effectuera, conformément aux indications des Gouvernements alliés et associés, la restitution des sommes, titres et valeurs appartenant à ces Etats ou collectivités.

Tous les versements en numéraire seront faits dans la monnaie prévue par le contrat.

Art. 9. L'Allemagne s'engage à faciliter par tous les moyens en son pouvoir, dans les conditions fixées à l'annexe 6, la transmission, au profit des Gouvernements alliés et associés, des concessions, avoirs, propriétés, créances et provisions possédés en Allemagne par les anciens Etats austro-hongrois, bulgare et ottoman et par leurs ressortissants.

Art. 10. — L'entretien des troupes d'occupation reste à la charge de l'Allemagne, dans les conditions prévues à l'article 9 de la Convention d'armistice du 11 novembre 1918.

Art. 11. — L'Allemagne s'engage à rembourser aux Etats alliés et associés :

1° Toutes les dépenses effectuées par eux du fait des prisonniers de guerre allemands sans réciprocité ;

2° Le montant des frais d'assistance aux prisonniers de guerre supportés par les Etats ou collectivités.

Art. 12. — Les dispositions qui précèdent sont applicables à l'ancien territoire d'empire d'Alsace-Lorraine, dans les conditions prévues au chapitre 1er de l'annexe 7.

Les règlements financiers entre la France et l'Allemagne du fait du rattachement à la France de ce territoire, ont lieu conformément aux dispositions fixées à l'article 17 et au chapitre 2 de la même annexe.

Art. 13. — L'Allemagne reconnaît le droit pour les Etats compris dans l'ancien Empire russe, tel qu'il existait avant la guerre, de prétendre à réparation des dommages de guerre causés aux biens et aux personnes.

Nonobstant, les Gouvernements alliés et associés se réservent expressément le droit de comprendre dans leurs demandes de réparation, les dommages, tels qu'ils sont définis à l'article 1er, causés aux biens et intérêts de leurs ressortissants situés sur le territoire de l'ancien Empire russe.

SECTION III

MOYENS DE PAIEMENT

Art. 14. — L'Allemagne effectuera directement à chacun des Gouvernements intéressés les restitutions en nature, à l'identique ou à l'équivalent, prévues à l'article 2.

Art. 15. — L'Allemagne s'acquittera envers l'ensemble des Etats alliés et associés des sommes dont elle sera reconnue débitrice en exécution des clauses de la présente Convention, soit en espèces ou valeurs, soit en nature, soit par des cessions d'actifs de tous ordres,

Le montant de ces sommes, après avoir été évalué et arrêté dans les diverses devises nationales, sera converti en dollars-or des Etats-Unis, au cours moyen du change pendant le mois de décembre 1918.

Le règlement desdites sommes sera effectué au moyen du versement par l'Allemagne :

a) D'une provision d'une valeur de 6 milliards de dollars-or, dont 4 milliards devront être remis dans le délai de trois mois après la mise en vigueur de la présente Convention, et 2 milliards au cours de l'année qui suivra, dans les conditions prévues à l'annexe 8.

b) D'annuités, dont le montant est fixé à 2 milliards de dollars-or pour la 2ᵉ année qui suivra la mise en vigueur de la présente Convention à 2 milliards 40 millions de dollars pour la 3ᵉ année, à 2 milliards 80 millions 800.000 dollars pour la 4ᵉ année et ainsi de suite, chaque annuité étant égale à la précédente augmentée de 2 % de son montant (1).

Le nombre des annuités sera déterminé dès que les Commissions d'expertise prévues à l'article 3 auront achevé leurs travaux (2).

L'annexe Nᵒ 8 prévoit les conditions dans lesquelles seront versées les annuités. Celles-ci figureront au budget de l'Etat allemand dans une section spéciale, à laquelle seront affectées les ressources indiquées à l'annexe 8.

Art. 16. L'Allemagne s'oblige pour le paiement de ses dettes à reconnaître un privilège sur tous les biens et revenus de l'Empire et des Etats allemands (3) et de leurs ressortissants, au profit :

(1) Voir tableau 1.

(2) Si le Conseil suprême interallié décide que le remboursement des frais de guerre doit être exigé de l'Allemagne, le nombre des annuités sera élevé à due concurrence.

(3) Tels qu'ils auront été délimités par la présente Convention.

En premier rang : des créances résultant du droit à réparation et de toutes autres stipulations insérées dans la présente Convention et dans d'autres traités subséquents ou dans la Convention d'armistice du 11 novembre 1918 et dans ses extensions (L'ordre des créances visées dans le présent § sera fixé dans une convention annexe passée entre les Etats alliés et associés.)

En deuxième rang : des créances des ressortissants des Etats alliés et associés, porteurs antérieurement à l'existence de l'état de guerre entre l'Allemagne et chacun des Etats intéressés, de titres d'Emprunts de l'Empire ou des Etats allemands, sans préjudice des avantages spéciaux accordés aux porteurs alsaciens et lorrains (personnes physiques ou morales) par les dispositions prévues à l'annexe 7 ;

Ces privilèges s'exerceront à l'encontre de tous autres droits ou hypothèques antérieurement établis sur l'actif et les revenus de l'Empire et des Etats allemands et de leurs ressortissants, sauf en ce qui concerne :

1° Les gages et hypothèques régulièrement constitués par l'Allemagne ou ses ressortissants sur les biens et revenus leur appartenant antérieurement à l'existence de l'état de guerre entre l'Allemagne et chacun des Etats alliés et associés intéressés, au profit de ces Etats ou de leurs ressortissants ; étant entendu que, si la réalisation du gage venait à produire une somme supérieure au montant de la dette gagée, le surplus sera grevé des droits de priorité mentionnés ci-dessus dans l'ordre indiqué ;

2° Les biens et intérêts allemands se trouvant sous la juridiction des Gouvernements alliés et associés au moment de la mise en vigueur de la présente Convention dans la mesure prévue à l'annexe 3, chapitre II et à l'annexe 8, chapitre II.

Art. 17. — Les Etats alliés et associés, cessionnaires de territoires allemands, en Europe prennent à leur charge :

1° Une partie de la Dette d'Empire, telle quelle était constituée le 1er août 1914, calculée d'après le rapport entre le produit des impôts du territoire cédé et le produit des impôts de la totalité de l'Empire, en prenant pour base la moyenne des trois années financières : 1911, 1912, 1913.

2° Une part de la Dette, telle qu'elle existait au 1er août 1914, de l'Etat allemand auquel appartenait le territoire cédé, déterminé suivant les mêmes principes que ci-dessus.

En considération, toutefois, de ce que l'Allemagne a refusé en 1871 de prendre à sa charge aucune portion de la dette française, la France est exemptée, en ce qui concerne l'Alsace-Lorraine, de tout paiement résultant des paragraphes 1° et 2° ci-dessus.

3° Les Etats concessionnaires de territoires allemands entrent en possession de tous biens et propriétés de l'Empire ou des Etats allemands situés dans les territoires cédés, sans avoir aucun paiement à faire à l'Allemagne.

Art. 18. Jusqu'à ce que l'Allemagne ait rempli toutes les obligations mises à sa charge par la présente Convention, par la Convention d'Armistice du 11 novembre 1918 et par les protocoles annexes, les Gouvernements alliés et associés maintiendront :

1° L'occupation de territoires et de points stratégiques allemands, désignés dans une convention spéciale ;

2° Le contrôle des exportations et des importations des marchandises de toute nature en Allemagne.

En cas de retard ou d'inexécution par l'Allemagne des paiements stipulés à l'article 15, des garanties et gages spéciaux pourront être pris, par les Gouvernements alliés et associés, dans les conditions indiquées à l'annexe 8.

(Annexe 1)

DOMMAGES

CHAPITRE PREMIER

Les dommages de guerre, conséquences des hostilités sur l'un des fronts de combat, sont réparés par l'Allemagne et ses Alliés au prorata de l'effort militaire fourni par chacun d'eux sur ce front.

Du fait des hostilités :

Sur le front français, l'Allemagne répare les   des dommages de guerre.

Sur le front russe, l'Allemagne répare les   des dommages de guerre.

Sur le front italien, l'Allemagne répare les   des dommages de guerre.

Sur le front de Salonique et des Dardanelles, l'Allemagne répare les   des dommages de guerre.

Sur le front serbe (territoire de l'ancienne Serbie, 17 octobre 1912), l'Allemagne répare les   des dommages de guerre.

Sur le front roumain, l'Allemagne répare les   des dommages de guerre.

Sur le front japonais, l'Allemagne répare les   des dommages de guerre.

Sur les fronts de mer, l'Allemagne répare les   des dommages de guerre.

CHAPITRE II

Les dommages causés aux biens comprennent :

1° La destruction, détérioration ou dépréciation sur terre ou mer de la propriété publique ou privée, mobilière ou immobilière, à l'exception des ouvrages et matériels militaires, causée soit par les forces armées des groupes belligérants, soit par tout acte ordonné ou commis par l'autorité ou la population allemandes ;

2° Les dommages causés en territoires allemands (1) ou autrefois occupés par les armées allemandes à la propriété mobilière ou immobilière par l'application des lois régissant les saisies, les réquisitions, les séquestres et la liquidation des biens séquestrés ;

3° Les enlèvements de tous biens publics ou privés ;

4° Les taxes, impôts, contributions et amendes de guerre, les prélèvements en espèces ou valeurs de toute sorte, y compris les soldes de comptes transférés et les avoirs transformés en bons, titres d'emprunts ou autres, les dépenses imposées par les autorités ennemies aux particuliers ou aux collectivités ;

____

(1) Tels qu'ils auront été délimités par la présente Convention.

5° La privation totale ou partielle du libre exercice et de la libre jouissance de tout droit de propriété dans les territoires allemands (1) ou autrefois occupés par les armées allemandes, ou dans la zone de combat.

6° Le préjudice causé à la propriété industrielle et commerciale du fait de la connaissance par l'ennemi des procédés spéciaux de fabrication, des brevets, des modèles, des livres de commerce, correspondances, archives publiques ou privées ;

7° L'émission, dans les pays autrefois occupés par les armées allemandes, par des collectivités locales et pour des besoins autres que les besoins justifiés desdites collectivités, de billets de banque, de bons ou instruments monétaires de toute sorte, ainsi que la mise en circulation de bons ou billets falsifiés des pays envahis, qu'elle soit ou non le fait des autorités allemandes ;

8° Le préjudice résultant de la nécessité pour les Etats alliés et associés de racheter les valeurs et généralement tous avoirs exprimés en monnaie ennemie existant aux mains des habitants (personnes physiques ou morales) des territoires ayant été, de droit ou de fait, au pouvoir de l'Allemagne, ou existant aux mains des prisonniers de guerre et internés civils.

CHAPITRE III

Les dommages causés aux personnes comprennent :

1° Les dommages subis par les Nations alliées et associées dans leur productivité, par suite de la mort et de toute atteinte portée à la santé ou à l'aptitude physique de leurs ressortissants, résultant d'opérations de guerre ;

2° Tous dommages causés à la population civile, du fait des difficultés de ravitaillement, évacuations, sévices, violences, travaux forcés, mauvais traitements, actes attentatoires à la santé ou à l'honneur, commis ou ordonnés par l'autorité ou la population allemandes :

3° Le préjudice causé à toute personne civile, qui, avant le 2 août 1914, exerçait un travail ou une profession en territoires

____

(1) Tels qu'ils auront été délimités par la présente Convention.

allemands (1) ou autrefois occupés par les armées allemandes,
ou dans la zone de combat (2), et qui a été privée totalement ou
partiellement de la possibilité de travailler ou d'obtenir une
juste rémunération de son travail et de sa profession.

(Annexe 2)

RESTITUTIONS

En exécution de l'article 2 :

1° Les restitutions à l'identique, stipulées à l'article 2, § 1° a,
devront être affectuées dans le délai de six mois, à dater de la
mise en vigueur de la présente convention.

2° Les restitutions à l'équivalent et les prélèvements, prévus
au même article § 1° *b* et § 2°, devront être effectuées dans le
délai d'un an à partir de la même date.

Leur valeur sera fixée par la Commission financière interalliée prévue à l'annexe 8 (chap. III) et imputée dans les conditions indiquées dans cette même annexe, sur la provision à
verser par l'Allemagne ;

3° Passés ces délais, la réparation de tous dommages aux
biens appartenant aux Etats alliés et associé et à leurs ressortissants donnera obligatoirement lieu à la compensation prévue à l'article 3.

4° Les restitutions à l'identique visent tous objets mobiliers
(y compris titres, objets d'arts, documents, navires, cheptel, etc.) qui ont été soustraits à leurs légitimes propriétaires au
cours de la guerre, en quelque lieu que ce soit ;

5° Sont compris dans les dites restitutions — aux conditions
prévues à l'article 4 et à l'annexe 4 de la présente convention — tous biens et intérêts appartenant à des Etats alliés et
associé et leurs ressortissants, en territoires allemands (1)
ou autrefois occupés par les armées allemandes et ayant fait

(1) Tels qu'ils auront été délimités par la présente Convention.
(2) Voir note jointe, n° 2.

l'objet de mesures d'administration ou de disposition accomplies en exécution de la législation de guerre allemande.

6° Le possesseur, même de bonne foi, des objets revendiqués (y compris le numéraire et les titres au porteur) ne pourra invoquer, en aucun cas et quelles que soient les conditions d'acquisition, aucune prescription ni présomption de propriété à l'encontre du légitime propriétaire, ni lui réclamer le remboursement d'aucuns prix ou frais supportés par lui, ni aucune indemnité.

7° Toutes contestations relatives à l'identité de l'objet mobilier revendiqué seront soumises à un tribunal mixte spécial.

8° Lorsque l'objet mobilier retrouvé en nature a subi des détériorations, il appartient au propriétaire soit d'en refuser la restitution, soit de ne l'accepter que comme acompte sur les réparations qui lui sont dues, en réservant son droit de créance pour toute la diminution de valeur que ledit objet a subie ;

9° Même après l'expiration du délai de six mois ci-dessus prévu, les propriétaires d'objets mobiliers présentant un caractère artistique ou historique pourront en réclamer la restitution en tout temps sur le territoire des Etats alliés et associés et sur les territoires allemands (1), sans qu'aucune exception ni prescription puisse leur être opposée.

Les possesseurs ne pourront se prévaloir, au regard des propriétaires revendiquants, du fait que ces derniers ont été indemnisés, en exécution de la présente convention, par l'attribution de valeurs ou de biens devant constituer l'équivalent desdits objets.

Ces valeurs et biens seront remis par les propriétaires revendiquants à l'État auquel ils ressortissent pour être affectés, comme il le jugera bon, à la réparation d'autres dommages et être imputés sur la dette contractée par l'Allemagne en exécution de la présente Convention.

Dans tous les cas où les possesseurs ressortiraient à des Etats alliés et associé ou neutres, les propriétaires revendiquants ne pourront obtenir restitution desdits objets qu'en remboursant aux possesseurs le prix pour lequel ils les auraient acquis.

(1) Tels qu'ils auront été délimités par la présente Convention.

10° Sont considérés comme « objets fongibles » au sens du paragraphe 1° *b* de l'article 2 : toutes choses mobilières que « l'on détermine à l'ordinaire au nombre, à la mesure et au poids (1). »

11° Le Gouvernement allemand s'engage, en vue de l'application du § 1° *b* de l'article 2, à transmettre dans le plus bref délai aux Gouvernements intéressés les duplicata de tous bons de réquisitions délivrés par les autorités militaires allemandes ;

12° Sont considérés comme « objets mobiliers » au sens du § 2° de l'article 2 tous objets considérés par le Code civil français (art. 522, 524, 525) comme « immeubles par destination » tels que « les animaux attachés à la culture... les ustensiles aratoires... les ustensiles nécessaires à l'exploitation des usines. »

13° Les biens mobiliers détériorés ou manquants présentant un caractère historique ou artistique rentrent dans la catégorie de ceux dont le remplacement est prévu au paragraphe 2 de l'article 2.

Lesdits biens seront remplacés suivant des règles fixées dans une Convention ultérieure.

14° Le Gouvernement allemand s'engage à promulguer, dans le mois qui suivra la signature de la présente Convention, une loi imposant à ses nationaux (2) la déclaration dans le délai d'un mois de tous objets mobiliers provenant des pays autrefois occupés par les armées allemandes, y compris l'Alsace-Lorraine, qui se trouvent actuellement entre les mains desdits nationaux, et les punissant des peines du recel en cas de non-déclaration.

15° Tous frais nécessités par le transport et la remise en place des objets restitués incombent au Gouvernement allemand qui pourra être tenu de faire procéder à cette remise en place par des équipes d'ouvriers allemands.

16° Le Gouvernement allemand fera parvenir dans le délai de trois mois, à la Commission financière interalliée, prévue à l'annexe 8 chapitre III, toutes déclarations, toutes comptabilités, toutes correspondances, tous documents de toute nature

(1) Art. 91 du Code civil allemand.
(2) Tels qu'ils auront été définis par la présente Convention.

relatifs aux objets restituables à l'identique, à leur enlèvement et à leur revente.

17° Des commissions mixtes, fonctionnant sous le contrôle de la Commission financière interalliée, procéderont sur les territoire allemands (1) à toutes recherches, enquêtes, vérifications leur permettant de découvrir soit les objets dérobés dans les territoires autrefois occupés par les armées allemandes, soit ceux qui peuvent être prélevés en remplacement à l'équivalent.

Le Gouvernement allemand accréditera ces Commissions auprès de toutes autorités allemandes compétentes et facilitera par tous moyens l'exécution de leur mission.

18° Les résultats des recherches de ces Commissions seront transmis à la Commission financière interalliée.

Celle-ci notifiera au Gouvernement allemand :

a) La liste des objets qui devront être restitués à l'identique à chacun des Gouvernements intéressés ;

b) La liste des objets qui devront être fournis à l'équivalent à l'ensemble des Gouvernements alliés et associés, dans les conditions fixées pour les livraisons en nature prévues à l'annexe 8, chapitre II.

(Annexe 3)

MODALITÉ DES RÉPARATIONS

1° Le montant de la compensation prévue à l'article 3 est fixé :

a) En ce qui concerne les biens immobiliers et mobiliers disparus, détruits ou endommagés :

à la valeur de reconstitution ou de remplacement ;

b) En ce qui concerne les sommes en argent versées aux autorités allemandes ou appréhendées par elles dans les conditions prévues à l'annexe 1 (chapitre II, § 2°, § 3° et § 4°) et celles représentant les dépenses engagées par les Gouvernements et les collectivités des Etats alliés et associés au bénéfice des popula-

(1) Tels qu'ils auront été délimités par la présente Convention.

tions des territoires autrefois occupés par les armées allemandes ou des internés civils (annexe 1, chapitre III, § 2),

dans la monnaie des Etats créanciers, au taux de conversion du mark correspondant au cours moyen pratiqué sur cette monnaie pendant le mois de juin 1914;

c) en ce qui concerne les titres ou valeurs appréhendés ou détruits,

à leur valeur moyenne pendant le 1ᵉʳ semestre de 1914 sur le marché où ils sont habituellement cotés, ou à leur prix d'émission pour les titres émis postérieurement au 1ᵉʳ juilllet 1914, sous réserve que cette valeur ne pourra être inférieure au cours moyen pratiqué pendant le prémier trimestre 1919.

d) En ce qui concerne les dommages subis par les Nations alliées et associée dans leur productivité (Annexe 1 chap. III § 1), à une somme de 30.000 francs pour la mort de tout ressortissant, conséquence d'opérations de guerre, ladite somme devant être réduite dans des proportions à fixer par une convention annexe, pour toute diminution de santé ou d'aptitude physique provenant des mêmes causes ;

e) En ce qui concerne la privation totale ou partielle du libre exercice ou de la libre jouissance de tout droit de propriété dont il est question à l'annexe 1, chap. II, § 5 :

1° s'il s'agit de valeurs ou de titres, aux revenus produits par ces titres pendant tout le temps de la privation du droit de propriété ;

2° s'il s'agit de biens mobiliers ou immobiliers, d'après les recettes ou revenus moyens desdits biens pendant les trois années antérieures à la guerre, étant spécifié que ladite compensation ne pourra être inférieure à la somme nécessaire pour assurer, pendant tout le temps qu'aura duré la privation totale ou partielle du libre exercice ou de la libre jouissance du droit de propriété, le service des intérêts à 6 % et l'amortissement des capitaux investis dans les entreprises ou représentatifs de la valeur des biens dont les ressortissants des Etats alliés et associés auront été privés ;

f) En ce qui concerne l'impossibilité de travailler ou d'obtenir une juste rémunération du travail ou de la profession (annexe 1, chap. III, § 3),

d'après les traitements et salaires moyens des intéressés

durant les trois années antérieures à la privation de travail ;

g) en ce qui concerne les dommages causés à la propriété industrielle du fait de la connaissance par l'ennemi des procédés spéciaux de fabrication (annexe 1, chap. II, § 6).

En ce qui concerne les dommages causés à la population civile du fait d'actes attentatoires à la santé et à l'honneur (annexe 1, chap. III, § 2),

d'après les conditions qui seront fixées dans des conventions spéciales ;

h) En ce qui concerne les monnaies (marks, moyens de paiement émis sous le contrôle de l'Allemagne, bons falsifiés (annexe 1, chap. II, § 7 et 6),

sur leur valeur nominale.

2° Toutes sommes dues par l'Allemagne en exécution des divers chapitres ci-dessus énumérés seront productives d'intérêts à 6 °/₀ à dater du 11 novembre 1918.

(Annexe 4)

En conséquence des principes posés à l'article 4 :

CHAPITRE Ier

SÉQUESTRES. — SAISIES. — LIQUIDATIONS DE BIENS APPARTENANT A DES RESSORTISSANTS ALLIÉS ET ASSOCIÉS EN ALLEMAGNE.

1° Sont valables et opposables aux intéressés — sous les réserves ci-dessous prévues — tous actes d'administration accomplis en exécution de la législation de guerre allemande et concernant les biens et intérêts appartenant en territoires allemands (1) ou autrefois occupés par les armées allemandes à des Etats alliés et associés et à leurs ressortissants.

2° En conséquence, les intéressés seront remis en possession de leurs biens et intérêts tels qu'ils existaient avant la guerre,

(1) Tels qu'ils auront été délimités par la présente Convention.

ainsi que de tous les revenus produits par lesdits biens au cours de la guerre, dans les conditions prévues à l'annexe 3 (§ 1°, *a, b, c, e,*).

3° Sont nuls et non avenus — sous les réserves ci-dessous prévues — tous actes de disposition concernant les mêmes biens et intérêts, accomplis en exécution des mêmes lois.

4° Toutefois, les intéressés pourront ratifier, dans des conditions et dans des délais à fixer ultérieurement, tous actes de disposition ci-dessus visés, sous réserve d'en contester les conséquences pécuniaires, devant un tribunal mixte spécial, dont la composition et les droits seront ultérieurement réglés.

5° Indépendamment des obligations qui lui sont imposées par l'article 1er de la présente convention, l'Allemagne est responsable :

a) Depuis la mise en vigueur de la présente convention jusqu'au moment où la restitution en pourra être effectuée, dans des conditions à prévoir dans une convention annexe, de la conservation des biens et intérêts appartenant en territoires allemands (1) ou autrefois occupés par les armées allemandes, aux État. ...lliés et associés et à leurs ressortissants ;

b) Pendant la durée de deux ans à partir de la date de cette restitution, de tous dommages causés aux biens et intérêts appartenant aux États alliés et associés et à leurs ressortissants, par suite d'actes de gestion des administrateurs et séquestres allemands. Toutes réclamations relatives à la fixation du montant de ces dommages seront soumises au tribunal mixte spécial précédemment prévu.

Pourront être sanctionnés par ledit tribunal, des accords particuliers aux termes desquels les États alliés et associés et leurs ressortissants seraient indemnisés du préjudice ci-dessus, ainsi que de tous préjudices résultant de privations de jouissance, par l'attribution d'avantages économiques spéciaux, tels que prolongation de concessions.

6° Toutes les fois que, par l'intervention du Gouvernement allemand, de ses représentants ou mandataires, les biens appartenant aux États alliés et associés et à leurs ressortissants auront été employés à souscrire ou à acheter des titres

______

(1) Tels qu'ils auront été délimités par la présente Convention.

d'Emprunt de guerre allemands, le Gouvernement allemand devra effectuer le rachat des titres desdits emprunts à leur prix de souscription ou d'achat.

7° Afin d'assurer l'exécution des dispositions prévues aux paragraphes ci-dessus, le Gouvernement allemand s'engage :

a) A communiquer aux Gouvernements intéressés, dans le délai de trois mois à partir de la ratification des Préliminaires de la Paix, tous documents relatifs aux opérations de saisie, de séquestre, de liquidation et à toutes autres mesures exceptionnelles dont les biens et intérêts de leurs ressortissants auraient été l'objet sur les territoires allemands (1) ou autrefois occupés par les armées allemandes ;

b) A faciliter par tous moyens l'examen sur place de tous biens saisis, séquestrés ou liquidés, ainsi que des comptabilités et documents relatifs aux opérations de saisie de séquestre et de liquidation.

CHAPITRE II

CRÉANCES ET DETTES D'AVANT-GUERRE.
OFFICES DE COMPENSATION.

1° Les créances et les dettes nées de conventions légalement formées avant le 11 novembre 1918 entre les Etats alliés et associé et leurs ressortissants d'une part, l'Allemagne et ses ressortissants d'autre part, et dont le règlement a été suspendu par la déclaration de guerre de l'Allemagne, deviennent exigibles, sous réserve des stipulations de l'article 5.

2° Dans chacun des Etats intéressés, y compris l'Allemagne, un Office national de vérification et de compensation est chargé — d'une part, de recouvrer les dettes susvisées — d'autre part, de désintéresser les créanciers.

Le solde débiteur ou créditeur qui ressort de ces opérations de compensation donne lieu à règlement entre les Offices correspondants.

Si ce règlement fait apparaître un solde au profit de l'Alle-

(1) Tels qu'ils auront été délimités par la présente Convention.

magne, il en est tenu compte par imputation sur la dette contractée par l'Allemagne en exécution de la présente convention.

Si ce règlement fait apparaître un soldo au débit de l'Allemagne, celle-ci en est responsable vis-à-vis des Etats alliés et associés et devra y faire face à l'aide des moyens de paiement prévus à l'Annexe 8. Le montant pourra en être immédiatement prélevé par chacun des Gouvernements alliés et associé sur le produit de la liquidation des biens et intérêts allemands, situés sur son territoire ou sur celui de ses possessions et dépendances (1) (Annexe 8, chap. II § c).

3° Chacun des Offices de compensation alliés et associés est compétent en ce qui concerne les créances et dettes de tous ressortissants des Etats alliés et associé domiciliés sur le territoire de l'Etat dont relève cet office et des ressortissants dudit Etat domiciliés sur les territoires des Etats ennemis (2) de l'ancien Empire russe et des Etats neutres.

4° Chacun des Etats alliés et associé déclare nuls et non avenus tous paiements, acceptations de paiements et généralement toutes négociations et transactions concernant le règlement desdites créances et dettes qui seront effectuées directement entre les parties, sans passer par l'intermédiaire de l'Office de compensation.

Toutefois il appartiendra aux Gouvernements dont relève chacun des Offices d'accorder exceptionnellement des dérogations à ladite règle.

5° Est compris dans les opérations des Offices de compensation, pour leur montant fixé comme il a été prévu à l'annexe 3 (§ 1° b), le règlement des créances résultant pour les Etats alliés et associé et pour leurs ressortissants des actes de disposition concernant leurs biens et intérêts en territoires allemands (3) ou autrefois occupés par les armées allemandes, lorsque les intéressés auront ratifié lesdits actes de disposition (Cha. 1er § 4°).

6° Ne sont pas compris dans les règlements prévus aux §§ ci-dessus les biens et avoirs appartenant, en territoires alle-

----

(1) Voir note jointe n° 1.
(2) Tels qu'ils auront été délimités par le traité de paix.
(3) Tels qu'ils auront été délimités par la présente Convention.

mands (1) ou autrefois occupés par les armées allemandes, aux Etats alliés et associé et à leurs ressortissants et qui seront restitués en nature à l'identique et à l'équivalent, en exécution de l'article 4, ainsi que toutes sommes provenant de l'Administration de ces biens.

7° Il ne peut être opposé aux Etats alliés et associé et à leurs ressortissants aucune prescription, forclusion ou déchéance à raison du non-accomplissement pendant la guerre et l'année qui suivra la mise en vigueur de la présente Convention, d'une obligation, d'un paiement exigible ou d'une formalité contractuelle, administrative ou légale.

CHAPITRE III

1° Le montant des sommes dues aux ressortissants des Etats alliés et associés en exécution des dispositions de la présente annexe et de l'annexe 3 (§ I° b) est fixé dans la monnaie des Etats créanciers au taux de conversion du mark, correspondant au cours moyen pratiqué sur cette monnaie pendant le mois de juin 1914.

2° Toutes les créances comprises dans les opérations des Offices de compensation sont, du jour de leur échéance et sauf stipulation contraire résultant soit d'un contrat, soit d'une clause de la présente convention, productives d'un intérêt annuel de 6 %.

(Annexe 5)

CONTRATS D'AVANT-GUERRE

En conséquence du principe posé à l'article 5 :

1° L'effet de tous les contrats visés au présent article, exception faite de ceux spécifiés dans la Convention spéciale prévue à l'article 5 doit être considéré comme provisoirement suspendu pendant un délai maximum de six mois ;

(1) Tels qu'ils auront été délimités dans la présente Convention.

2° Il ne peut être opposé aux Etats alliés et associés et à leurs ressortissants aucune prescription, forclusion, déchéance à raison du non-accomplissement pendant la guerre et l'année qui suivra la mise en vigueur de la présente Convention d'une obligation, d'un paiement exigible ou d'une formalité contractuelle, administrative ou légale. Il en est de même de toutes ventes, cessions, baux et de tous actes de disposition consentis en violation de droits acquis ou éventuels résultants desdits contrats;

3° Sont déclarées nulles, toutes dispositions législatives, administratives ou judiciaires allemandes, prises pendant la guerre et ayant pour effet la résiliation totale ou partielle desdits contrats.

(Annexe 6)

En exécution de la clause insérée à l'article 9 :

1° Le Gouvernement allemand s'engage à fournir une liste des concessions, avoirs, propriétés, créances, et provisions possédés en Allemagne par les anciens Etats austro-hongrois, bulgare et ottoman et par leurs ressortissants;

2° Le Gouvernement allemand s'engage à prendre des mesures pour interdire, pendant une période d'un an après la signature de la présente convention, toute remise à l'étranger de fonds et valeurs existant en Allemagne et appartenant aux anciens Etats austro-hongrois, bulgare et ottoman, et à leurs ressortissants;

3° Dans le cas où les anciens Etats austro-hongrois, bulgare et ottoman et leurs ressortissants auraient passé depuis le 11 novembre 1918, soit avec les Etats allemands, neutres ou formés sur le territoire de l'ancien Empire russe ou avec leurs ressortissants, soit avec des ressortissants alliés et associés, des contrats ayant pour objet de céder, sous quelque forme que ce soit, des concessions, avoirs, propriétés, créances, provisions, possédés par eux en Allemagne, le Gouvernement allemand s'engage à reconnaître les mesures que les Gouvernements alliés et associé seraient amenés à prendre pour obtenir l'annulation ou la revision desdits contrats.

(Annexe 7)

ANCIENNE TERRE D'EMPIRE D'ALSACE-LORRAINE

CHAPITRE Ier

L'ancienne terre d'Alsace-Lorraine est asssimilée au territoire français en ce qui concerne :

a) La réparation de tous dommages causés aux personnes et aux biens ;

b) La nullité de toutes opérations de liquidation, de séquestre et de saisie accomplis pendant la guerre, en exécution de décisions prises par les autorités allemandes, dans les conditions où cette nullité a été prévue à l'article 4 et à l'annexe 4 ;

c) Le fonctionnement, pour assurer la liquidation des créances et des dettes nées d'obligations contractées avant le 7 décembre 1918 entre l'ancienne terre d'Empire d'Alsace-Lorraine, les municipalités et collectivités d'Alsace-Lorraine, les Alsaciens-Lorrains (personnes physiques et morales) (1), les ressortissants des Etats alliés et associés établis en Alsace-Lorraine d'une part, l'Allemand et ses ressortissants d'autre part, d'un Office de compensation spécial à l'Alsace-Lorraine ;

CHAPITRE II

1° Le Gouvernement allemand remboursera au Gouvernement français toutes sommes que celui-ci a été ou sera amené à débourser du fait des opérations suivantes :

a) Rachat des avoirs exprimés en monnaie allemande appartenant à des Alsaciens et des Lorrains (personnes physiques ou morales (1), ou à des ressortissants des Etats alliés et associés et des Etats neutres ;

b) Rachat, au prix moyen du titre pendant le premier semestre de 1914, sur le marché où ce titre est le plus habituel-

(1) Voir note jointe n° 3.

lement coté, ou au prix d'émission pour tous titres émis postérieurement au 1er juillet 1914 (sous réserve que ce prix ne pourra être inférieur au cours moyen pratiqué pendant le premier trimestre 1919) :

Des valeurs allemandes d'Empire, d'Etats confédérés, de villes, de sociétés, et de toutes créances hypothécaires sur l'Allemagne — valeurs alsaciennes et lorraines non comprises — figurant à l'actif des établissements publics, d'utilité publique, des organismes ou collectivités soumis à l'autorisation ou à la surveillance des autorités allemandes (tels que : Caisse des Dépôts et Consignations, Caisses d'Epargne, Institutions d'assurances sociales, Etablissements de prêts à l'agriculture et au petit commerce, Coopératives de production et de consommation, Etablissements charitables), ainsi que du Crédit Foncier d'Alsace-Lorraine et des instituts hypothécaires ;

De toutes valeurs de même nature achetées pour le compte de mineurs et interdits, ou dont le dépôt aura été effectué par des municipalités et collectivités d'Alsace-Lorraine, des Alsaciens-Lorrains (personnes physiques ou morales (1), à titre de titre, de cautionnements, consignations ou à un tout autre titre, en applications de lois ou règlements allemands.

c) Rachat, à leur prix de souscription ou d'achat des valeurs émises pendant la guerre par l'Empire et les Etats confédérés, souscrites ou achetées, sur le territoire allemand par les Alsasiens-Lorrains (personnes physiques ou morales) (1) et que ceux-ci détiendraient lors de la signature de la présente Convention.

Ce remboursement s'effectue en francs, au pair de 1 fr. 25 pour un mark.

2° Une Convention ultérieure déterminera les dépenses de guerre avancées par l'Alsace-Lorraine et dont le paiement incombe à l'Empire allemand, telles que : allocations aux familles de mobilisés, réquisition, logements de troupes, secours aux évacués, etc.

3° Une Convention ultérieure réglera les charges qui incombent à l'Etat allemand du fait du fonctionnement des

(1) Voir note jointe n° 3.

assurances sociales en Alsace-Lorraine antérieurement à la mise en vigueur de la présente convention et du fait du service des pensions civiles de fonctionnaires d'Empire et des Pensions militaires, en cours d'acquisition, acquises ou liquidées en Alsace-Lorraine antérieurement à la même date.

4° Le Gouvernement allemand assurera en francs, au pair de 1 fr. 25 pour un mark, et pendant la durée des emprunts ci-dessous visés, le service (intérêts et amortissements) des titres allemands à revenu fixe : emprunts d'Etat (Empire ou Etats confédérés) à long ou à court terme, emprunts de villes, lettres de gage qui n'auraient pas été rachetés en vertu du paragraphe 1° ci-dessus et qui seraient en la possession d'Alsaciens-Lorrains (personnes physiques ou morales) (1) lors de la signature de la présente convention.

Ce service sera assuré par le Gouvernement allemand en dehors du paiement de l'annuité prévue à l'article 15.

En cas de retard ou d'inexécution par l'Allemagne des paiements stipulés au présent paragraphe, les Etats alliés et associés se réservent le droit de prendre les garanties et les gages prévus à l'article 18 pour le cas de non paiement de l'annuité.

CHAPITRE III

1° a) en exécution de l'article 17 de la présente convention, tous les biens du domaine public ou privé et tous les droits appartenant à l'ancienne terre d'Empire d'Alsace-Lorraine sont transférés à l'Etat français sans que celui-ci ait à faire aucun paiement à l'Allemagne de ce chef.

Il en est de même de tous les biens du domaine public ou privé et de tous les droits appartenant, sur le territoire de l'ancienne Terre d'Empire, à l'Empire, aux Etats allemands ou aux anciens souverains allemands.

b) Le Gouvernement français se réserve le droit de confirmer ou d'annuler toutes concessions consenties sur le territoire d'Alsace-Lorraine par l'Empire allemand ou par les autorités qualifiées de l'ancienne terre d'Empire.

(1) Voir note jointe n° 3.

2° Tous les biens et intérêts privés, à l'exception de ceux qui ont été visés au paragraphe 1° ci-dessus, situés sur le territoire d'Alsace-Lorraine et appartenant à des ressortissants allemands, seront liquidés et repris par le Gouvernement français.

L'Allemagne indemnisera directement ses ressortissants dépossédés par la liquidation prévue au paragraphe ci-dessus.

Il sera tenu compte à l'Allemagne du montant desdits biens pour le règlement des créances publiques ou privées nées à l'encontre de l'État allemand et de ses ressortissants, au profit de l'ancienne terre d'Empire d'Alsace-Lorraine, des municipalités et collectivités d'Alsace-Lorraine et des Alsaciens-Lorrains (personnes physiques ou morales) (1) ou nées sur le territoire d'Alsace-Lorraine, à l'encontre des mêmes débiteurs au profit des États alliés et associés et de leurs ressortissants. Le solde, s'il y a lieu, viendra en déduction des autres sommes dues par l'Allemagne du chef de la présente Convention.

3° Le Gouvernement allemand s'étant refusé, en 1872, à prendre à sa charge aucune portion de la dette française, le Gouvernement français est déchargé de toute participation au service des dettes de l'empire allemand et de la terre d'Empire d'Alsace-Lorraine, qui pourrait lui incomber du fait du retour de l'Alsace-Lorraine à la France.

(Annexe 8)

MOYENS DE PAIEMENT

CHAPITRE 1er

Le Gouvernement allemand fera connaître aux Gouvernements alliés et associé, dans un délai de trois mois, les renseignements suivants établis à la date de la signature de la présente Convention :

1° Le montant de l'encaisse or et argent de la Reichsbank.

(1) Voir note jointe n° 3.

2° Qu'ils se trouvent en Allemagne (1) ou hors d'Allemagne :

a) Les valeurs mobilières étrangères et fonds d'Etat étrangers détenus par l'Allemagne et ses ressortissants,

b) Les billets de banque étrangers détenus par l'Allemagne et ses ressortissants,

c) Les devises étrangères détenues par l'Allemagne et ses ressortissants ;

3° Les biens et intérêts de tout ordre appartenant à l'Allemagne et à ses ressortissants, et situés en territoire étranger, tels que :

a) Propriétés immobilières,

b) Objets mobiliers de toute nature,

c) Avoirs en marchandises,

d) Avoirs en espèces autres que ceux visés au § 2 alinéa *b* ci-dessus.

e) Créances de toute nature autres que celles visées au § 2° alinéas *a*, *b*, *c*, ci-dessus.

f) Options, marchés de travaux ou de fournitures, commandes non encore exécutées ou en cours d'exécution relatives à des produits, marchandises, outillages et objets de toute nature.

g) Concessions de toute sorte.

4° Le montant de la production, pendant l'année 1918 et pendant les trois années qui ont précédé la guerre, en charbon, potasse, bois, pâte à papier, sucre, verre à vitre, matériel électrique, etc... gros outillage de toute nature, matériels de transport, ainsi que la situation des stocks existants (sous réserve d'additions ultérieures).

5° Tous renseignements relatifs aux objets restituables à l'indentique, comme il a été prévu à l'annexe 2 § 14°.

CHAPITRE II

PROVISION.

A titre de provision, l'Allemagne mettra à la disposition des Gouvernements alliés et associé, à concurrence de la valeur de 4 milliards de dollars-or des Etats-Unis, dans le délai de trois

(1) Telle qu'elle aura été délimitée par la présente Convention.

mois après la signature de la présente convention, et de 2 milliards de dollars-or au cours de l'année qui suivra :

a) de l'or . . . .
De l'argent. . . . .
Des valeurs mobilières étrangères et fonds d'Etats étrangers. . . . .
Des billets de banque des Etats alliés, associés et neutres . . . .
Des devises étrangères actuellement existantes entre les mains du Gouvernement allemand et de ses ressortissants, ou provenant d'un droit de sortie de 20 % *ad valorem,* que l'Allemagne s'engage à établir immédiatement sur tous les produits exportés de provenance allemande et qui sera payé en monnaire du pays destinataire . . . . . .

} *Acceptés par les Gouvernements alliés et associés après reconnaissance et détermination de leur valeur représentative en dollars-or.*

b) Les quantités ci-dessous fixées de :
Houille, 80 millions de tonnes.
Coke métallurgique, 12 millions de tonne .
Potasse, 4 millions de tonnes.
Bois en grume et bois scié, 18 millions de tonnes.
Zinc, 200.000 tonnes.
Sucre, 2 millions de tonnes.
Ambre, 40 tonnes.
Argile à grès et feldspaths, 200 tonnes.
Matières colorantes, pour une valeur de 425 millions de francs.
Verre à vitre, 20.000 tonnes.

Meubles meublants . . . .
Cheptel, chevaux, animaux pour repeuplement des chasses, matériel agricole, semences, plants, engrais, etc. . . . .
Matériel électrique (câbles, etc.) . . . . . .
Matériel de navigation maritime et fluviale (navires, flotte du Rhin, bateaux-citernes, etc). . . .
Matériel de transport (wagons, locomotives, camions automobiles, etc.) . . . .
Outillages de toute espèce. . . . .

} *La nature et la quantité de ces produits seront fixés dans une Convention spéciale.*

(Sous réserve d'additions ultérieures).

En outre, seront remis par l'Allemagne tous objets mobiliers, cheptel, navires....., demandés par les Gouvernements alliés et associé comme restitutions à l'équivalent, dans les conditions indiquées à l'article 2 et à l'annexe 2 § 18, pour autant qu'ils n'ont pas été compris dans les quantités ci-dessus fixées.

L'évaluation des espèces, valeurs et marchandises livrées en exécution des § *a* et *b* ci-dessus, sera faite par la Commission financière interalliée, dont la création est prévue au chapitre III ci-dessous ; le montant en sera imputé sur la provision de 6 milliards de dollars-or, due par l'Allemagne aux Etats alliés et associé ;

c) Tous les biens et intérêts privés appartenant à des ressortissants de l'Allemagne et situés sur les territoires desdits Gouvernements, de leurs possessions et dépendances (1).

Le montant des biens et intérêts repris est affecté par préférence au règlement des créances et dettes nées d'obligations légalement contractées avant le 11 novembre 1918 entre les Etats alliés et associé et leurs ressortissants d'une part, l'Allemagne et ses ressortissants d'autre part, et dont le règlement a été suspendu par la déclaration de guerre de l'Allemagne (Annexe 4, chap. II) et il ne vient que pour le solde en déduction de la provision de 6 milliards de dollars-or.

d) Ceux des biens et intérêts de tout ordre appartenant à l'Allemagne et à ses ressortissants, situés sur les territoires neutres et de l'ancien Empire russe, ainsi que sur les territoires des Etats alliés de l'Allemagne (2) qui lui seront désignés par la Commission interalliée prévue au chapitre III ci-dessous, tels que :

1° Propriétés immobilières ;

2° Objets mobiliers de toute nature :

3° Avoirs en espèces ;

4° Avoirs en marchandises ;

5° Créances de toute nature, réelles ou personnelles, autres que celles visées au § *a* ci-dessus ;

6° Options, marchés de travaux ou de fournitures, commandes non encore exécutées ou en cours d'exécution, rela-

(1) Voir note jointe n° 1.

(2) Tels qu'ils auront été délimités par les traités de paix.

tives à des produits, marchandises, outillages et objets de toute nature, etc... ;

7° Concessions de toute sorte, après que l'autorité concédante aura fait connaître son accord, s'il s'agit d'un Etat neutre ou d'un de ses ressortissants.

La valeur des biens et droits cédés est fixée par la Commission interalliée prévue au chapitre III ci-dessous ; le montant en est imputé sur la provision de 6 milliards de dollars-or.

L'Allemagne déclare d'ores et déjà, en son nom et au nom de ses ressortissants, se désintéresser des chemins de fer en Chine et dans l'Empire Ottoman dans lesquels il existe des intérêts allemands, et spécialement du chemin de fer de Bagdad.

Elle renonce, tant pour elle que pour ses ressortissants, à se prévaloir vis-à-vis des Gouvernements alliés et associé et de leurs ressortissants, de tous accords relatifs à ces chemins de fer.

c) La différence entre le montant total de la provision de 6 milliards de dollars-or et le montant des paiements prévus aux § *a, b, c, d,* ci-dessus, est acquittée au moyen de la réalisation de tous actifs à l'étranger restant disponibles après les prélèvements demandés par les Etats alliés et associé dans les conditions indiquées aux §§ ci-dessus.

Toutefois les mesures de réalisation devront être soumises à la Commisson interalliée prévue au chapitre III et seront subordonnées à son assentiment.

Au cas où l'ensemble des paiements prévus ci-dessus n'atteindrait pas 6 milliards de dollars-or, l'Allemagne resterait débitrice du solde. Les moyens de règlement seraient déterminés par la Commission interalliée qui pourrait augmenter les livraisons stipulées ou recourir à tout autre procédé qui lui paraîtrait approprié.

CHAPITRE III

COMMISSION FINANCIÈRE INTERALLIÉE DE LA DETTE ALLEMANDE.

1° Les Gouvernements alliés et associé sont représentés, pour l'exécution des stipulations insérées aux chapitres I et II de la présente annexe, par une Commission financière interalliée de la dette allemande ;

2° Cette Commission est chargée de percevoir les versements à effectuer par l'Allemagne en exécution des clauses de la présente convention et d'en répartir le montant entre les Etats alliés et associé, suivant les principes fixés dans une convention spéciale passée entre ces Etats :

a) La Commission décide et notifie les spécifications, les quantités et la destination des produits à livrer en nature.

b) Comme il est prévu au chapitre II § *d* et *e*, la Commission fait connaître au Gouvernement allemand ceux des biens et intérêts allemands à l'étranger dont les Gouvernements alliés et associé exigent la cession et elle approuve, le cas échéant, les aliénations proposées par le Gouvernement allemand.

c) Après s'être assurée de l'exécution des instructions qu'elle a données, elle fixe la valeur en dollars de toutes les prestations fournies, dont l'Allemagne est créditée comme il est indiqué au chapitre II, § *b* ci-dessus ;

d) La Commission a le contrôle des exportations des titres, espèces, valeurs de toute nature et du commerce des devises, dans les conditions prévues par l'article 1er du protocole financier de Trèves du 13 décembre 1918.

Elle a le contrôle de toutes les importations et exportations de marchandises en Allemagne et elle est chargée de faire observer les clauses économiques et financières insérées dans les conventions spéciales relatives au ravitaillement de l'Allemagne.

Ces deux contrôles prendront fin dès que l'Allemagne aura :

1° Parfait le paiement complet de la provision de 6 milliards de dollars-or stipulée au chapitre II de la présente annexe.

2° Constitué en gage à la Commission les impôts, valeurs ou biens immobiliers prévus au chapitre IV ci-dessous.

CHAPITRE IV

ANNUITÉS.

1° Dès que des Commissions d'expertise auront fixé le montant des compensations en espèces dues pour la réparation des dommages (1) comme il est indiqué à l'article 3 et à l'annexe 3,

(1) Si le Conseil suprême interallié décide que le remboursement des frais de guerre doit être exigé de l'Allemagne, le nombre des annuités sera élevé à due concurrence.

les Gouvernements alliés et associé feront connaître au Gouvernement allemand le nombre des annuités que celui-ci doit verser à l'ensemble des Gouvernements alliés et associé, à partir de la 2ᵉ année qui suivra la signature de la présente Convention.

Le tableau n° 1 indique le montant des diverses annuités.

2° L'annuité sera acquittée :

a) Par des livraisons en nature, dont les spécifications, les quantités, les prix et la destination seront déterminés chaque année, 3 mois avant l'ouverture de l'exercice financier allemand, par la Commission financière interalliée qui communique ses décisions à cet égard au Gouvernement allemand ;

b) Dans la mesure fixée chaque année par la Commission interalliée, au moyen de devises étrangères acceptées par celle-ci et dont le taux de change sera fixé par elle ;

c) Au moyen de ressources particulières affectées spécialement par le Gouvernement allemand au paiement de l'annuité et dont le contrôle sera assuré par la Commission financière interalliée, à savoir :

1° Produits de certains impôts, taxes ou redevances actuellement existants ou à créer, après assentiment de la Commission, tels que :

Taxes sur l'alcool, la bière, le sucre, le sel, le tabac, les dépenses somptuaires (spectacles, achat d'objets d'art, bijoux, pierres et métaux précieux, etc,) les pétroles, les charbons, les phosphates etc... sous forme de monopoles ou autrement.

Taxes douanières, postales et télégraphiques, droits sur les ports, canaux, chemins de fer.

Taxes et impôts directs tels qu'impôts sur le capital, les successions, etc.

L'Allemagne devra notamment maintenir le droit de sortie de 20 °/₀ sur les produits exportés, d'origine ou de provenance allemande, dont il a été question au chapitre II, § a. Ce droit sera payable en monnaie du Pays destinataire.

2° Produits d'exploitations domaniales de toute nature, mines, forêts, chemins de fer, électricité, etc.

3° Revenus et produits de valeurs mobilières allemandes et de biens immobiliers de tout ordre, désignés par la Commission financière et qui seront donnés en gages ou nantissement par le Gouvernement allemand aux Gouvernements alliés et associé.

La Commission convertit en dollars-or les recettes en marks provenant des ressources susdites.

d) Dans le cas où les divers versements mentionnés aux paragraphes *a*, *b*, *c*, ne produiraient pas un montant suffisant pour le paiement à leurs échéances des annuités stipulées, ou dans le cas où le montant total des compensations en nature ne serait pas livré aux échéances convenues, la Commission financière aura la faculté soit de donner termes et délais avec ou sans intérêts moratoires, soit d'exiger du Gouvernement allemand la livraison d'une somme en marks, correspondant au déficit constaté.

Les voies et moyens par lesquels le Gouvernement allemand se procurera ces marks devront être approuvés par la Commission financière.

Si l'insuffisance dont il s'agit se maintient pendant deux années consécutives, la Commission pourra réclamer l'affectation de nouvelles taxes, existantes ou à créer, dont le rendement prévu devra être au moins égal à l'insuffisance minima constatée au cours de l'une des deux années.

Les marks versés en exécution du présent article (alinéas *c* et *d*) et dont l'emploi restera à l'entière disposition des Gouvernements alliés et associé pourront servir notamment : soit à la couverture de tirages sur l'Etat allemand, vendus par la Commission financière, soit à l'achat en Allemagne et au paiement du transport jusqu'à sa frontière des marchandises choisies par la Commission, soit à l'achat des valeurs mobilières allemandes et de biens immobiliers de tout ordre.

3° Dans le cas où les divers versements mentionnés au paragraphe 2 excéderaient le montant nécessaire pour le paiement à leurs échéances des annuités stipulées, et après la constitution d'une provision correspondant au service des annuités pour les deux années suivantes, le surplus des recettes effectuées par la Commission sera versé au Gouvernement allemand.

4° Si l'Allemagne ne se conforme pas aux obligations indiquées ci-dessus, la Commission financière propose à la Ligue des Nations, par l'intermédiaire de la Section financière de celle-ci, les mesures coercitives suivantes :

a) Occupation territoriale permettant à la Commission finan-cière de disposer des revenus fiscaux ou industriels nécessaires à l'acquittement de la dette de l'Allemagne envers les Etats alliés et associé;

b) Blocus total ou partiel, financier et économique ;

c) Occupation de points stratégiques, autres que ceux dont l'occupation a a été prévue à l'article 18.

NOTE N° 1

Le terme « Etats alliés et associé », employé dans la présente Convention, comprend tous les Etats signataires de la présente convention.

a) Le terme « ressortissant des Etats alliés et associé », employé dans la présente convention, comprend les personnes physiques et morales possédant la nationalité des Etats alliés et associé telle qu'elle sera fixée par la présente Convention et généralement toutes personnes physiques et morales qui ont été soumises aux mesures spéciales de guerre appliquées aux nationaux alliés et associés. Il comprend également les Sociétés financières, industrielles et commerciales de nationalité allemande, dans lesquelles les groupes alliés et associé posséderaient la majorité, soit du capital actions, soit du capital obligations.

Le terme « territoires des Gouvernements alliés et associé », employé dans la présente Convention, comprend les territoires des Gouvernements alliés et associé tels qu'ils se comporteront après la mise en vigueur de la présente Convention.

NOTE N° 2

Doit être considérée comme « zone de combat » au sens des paragraphes 5 du chapitre II et 3 du chapitre III de l'annexe 1 une bande de terrain de   kilomètres située à l'arrière des fronts tenus par les armées alliées et associée, étant spécifié que chaque intéressé n'aura droit à compensation que pour toute la période pendant laquelle ses biens ou moyens de travail s'étant trouvés dans ladite zone, il a été effectivement privé, soit du libre exercice ou de la libre jouissance de ses droits de propriété, soit de la possibilité d'obtenir une juste rémunération de son travail.

NOTE N° 3

Les termes « collectivités d'Alsace-Lorraine et Alsaciens-Lorrains (personnes physiques et morales) », employés dans la présente Convention, s'appliquent aux collectivités et personnes d'Alsace-Lorraine qui ont recouvré la nationalité française par l'effet de la présente Convention.

TABLEAU I

Aperçu sommaire des annuités a verser par l'Allemagne

en exécution

des clauses insérées a l'annexe 8 chap. IV

					Millions de dollars-or
La 2e année après la sign. des prélim. de paix	—	—	(1re ann.).		2.000
La 3e	—	—	—	(2e —).	2.010
—	—	—	—	(—).	—
La 6e	—	—	—	(5e —).	2.165
La 11e	—	—	—	(10e —).	2.390
La 16e	—	—	—	(15e —).	2.639
La 21e	—	—	—	(20e —).	2.914
La 26e	—	—	—	(25e —).	3.217
La 31e	—	—	—	(30e —).	3.552
La 36e	—	—	—	(35e ..).	3.921
La 41e	—	—	—	(40e —).	4.329
La 46e	—	—	—	(45e —).	4.780
La 51e	—	—	—	(50e(1) —).	5.378

Sommes effectivement versées {	En 35 ans		99.989
	En 50 ans		40.481

Valeur actuelle au taux de 5 % des 35 annuités . . .	40.471
— — 50 — . . .	48.588
— — de la 35e — . . .	677
— — de la 50e — . . .	426

(1) Si le Conseil suprême interallié décide que le remboursement
des frais de guerre doit être exigé de l'Allemagne, le nombre des annuités sera élevé à due concurrence.

Si toutefois le nombre des annuités dépasse cinquante, le montant
de chacune d'entre elles ne pourra excéder celui de la cinquantième.

FIN

TABLE DES MATIÈRES

CHAPITRE VI

L'Action au front et l'Action à l'arrière.

CHAPITRE VII

La Commission du Budget.

CHAPITRE VIII

Constitution des Ministères Painlevé et Clemenceau.

CHAPITRE IX

Politique financière interalliée de Guerre.

CHAPITRE X

Vers la Victoire.

CHAPITRE XI

L'Armistice.

ANNEXES

ANNEXE I

L'Industrie Française dans les Régions Envahies.

CONFÉRENCE DE LA PAIX

ANNEXE II

Projet français d'une section financière de la Ligue des Nations

ANNEXE III

ANNEXE IV

Principes des Réparations.

ANNEXE V

Clauses financières à imposer à l'Allemagne